JN263789

日々のお弁当図鑑

HIBINO
OBENTO
ZUKAN

森 かおる

anonima st.

はじめに

京都一小さな町、大山崎町。
私がこの町でお料理教室を始めて12年余りがたちました。
自宅で始めた小さな教室はその4年後、生活雑貨店を併設したレリッシュというお店に形を変えました。
今では、毎日のごはんをテーマにしたお料理教室のほかにも、ソーイングやクラフトなど、専門の講師の方々にお越しいただいて暮らしの教室を日々開催しています。

そんなレリッシュは、現在育ちざかりの子を持つ女性3人で運営しています。
いわゆる働く主婦である私たちのお昼ごはんは、たいていがお弁当。それぞれに自分で作ったお弁当を休憩時間にいただいているのです。
お料理教室の生徒さんも働きながら通ってくださっている方がとても多く、やはり家族の分や自分自身のお弁当を作る人も多いようです。
私も息子が中学校へ入学したことをきっかけに、毎日のお弁当作りが本格的に始まりました。それまでの息子のお弁当は、週末の野球クラブの練習日や遠足など、行事の時だけということもあり、少々気合いを入れたお弁当を作ることができました。

けれど毎日のこととなると、これが結構大変。
小学校時代にお世話になった給食が、本当にありがたかったと改めて感じています。

毎日のごはん作りがさほど苦でない私ですら大変と感じるお弁当作り。
教室の生徒さんからは「同じおかずばっかりになってしまう」「できれば冷凍食品は使いたくない」という声とともに、「これはお弁当のおかずになりますか?」といった質問を受けることもしばしばです。
こうした皆さんの悩みが解消できるお弁当の本が作りたい。
忙しい朝におかずの組み合わせがさっと決められるような、図鑑みたいに楽しくて役立つレシピ本があったら……。
そんな思いがこの本を作るきっかけになりました。

当初は必要に迫られて始めたお弁当作り。
でも、いざやりはじめると、お弁当って案外なんでもおかずになってしまうものだと思うようになりました。
たとえばじゃがいも。たいていのお家に常備してある野菜だと思うので

すが、これが実に便利な素材。ボリュームのあるおかずがあれこれと、しかもレンジを使ってやわらかくすれば、あっという間に作れるのです。
卵だってそう。定番の卵焼きはもちろんのこと、余った野菜を卵とじにしたり、細かくつぶしてふりかけにしたり。こま切れの牛肉も、さっと炒めるだけで立派なメインディッシュになります。

正直言って、お弁当のおかずはなんでもいいと思うのです。
家の冷蔵庫を開けてみてください。残っている野菜はありませんか。
使い忘れている材料はありませんか。凝ったものでなくても大丈夫！
そんなに身構えず、明日のお弁当を作ってみましょう。

この本には私自身のお弁当作りを通して、実際に気付いたり試したりしたことをたくさん盛り込みました。
お弁当生活の人もそうでない人も、既婚者の人も独身の人も、男性でも女性でも、思いたったら「じゃあ、作ってみよう」と、気軽に開いてもらえたらうれしく思います。
皆さんのお弁当作りのよき相棒になれることを願っています。

この本を使う皆さまへ

表記について

- 1カップ ………… 200ccのことです。
- 大さじ1 ………… 15ccのことです。
- 小さじ1 ………… 5ccのことです。
- 材料**A**・**B**・**C** ………… 合わせ調味料など、前もって混ぜ合わせておくものです。
- ＊マーク ………… 工程の詳細を記載しています。
- 🏠マーク ………… 応用できる素材などを記載しています。

調味料と油について

あえて記載のない場合は、下記の調味料を使用しています。

- しょうゆ ………… こい口しょうゆを使っています。
- 砂糖 ………… きび砂糖を使っています。
- 酢 ………… 米酢を使っています。
- オリーブ油 ………… エキストラバージンオイルを使っています。

材料の分量について

材料は、撮影時の分量を記載しています（肉に関しては、下処理をする前の分量を記載しています）。尚、魚や野菜は季節や産地によって大小があるので、たれやドレッシングなどの分量は素材を見ながら適度に調整してください（各調味料の分量比は合わせてください）。

調理器具・調理道具について

- オーブン ………… ガスオーブンを使用しています（使用時はあらかじめ温めておいてください）。電気オーブンの場合は、仕様に合わせて加熱時間や温度を調整してください。
- グリル（魚焼き器）………… 片面焼きのグリルを使用しています。
- 電子レンジ ………… 700Wの電子レンジを使用しています。ワット数が異なる場合は、以下の加熱時間を目安にしてください。
700Wで60秒加熱＝500Wで約85秒加熱
　　　　　　　　＝600Wで約70秒加熱
- フライパン ………… 鉄のフライパンを使用しています。テフロン加工のものを使用する場合は、空焚きしないように気をつけてください。
- ゴムベラ ………… 耐熱性のゴムベラを使用しています。

パン粉について

ドライパン粉での作り方を記載しています。霧吹きで2～3回吹きかける程度に水で湿らせてからまぶすと、素材にまんべんなく絡み、焦げにくくなります。生パン粉の場合は、湿らせずにそのまま使ってください。

揚げものなどの衣について

小麦粉と卵を先に合わせておくと、衣づけが2段階でできます。卵の大きさは様々なので、衣の状態がトロンとなるように、水や小麦粉を足して調整してください。

にんにくオイルについて

にんにくオイルは、にんにくが使い切れず、乾燥してしまいそうな時に作っておきましょう。小瓶にサラダ油を入れ、皮をむいたにんにくを漬けてひと晩おきます（にんにく2〜3片に対し、サラダ油1/2カップ程度）。生のにんにくそのものを使うよりも香りがやさしいので、お弁当のおかずを作る時にはおすすめです。他にお家のごはんでも、パスタや野菜炒めなど和洋中さまざまな料理に使えます。

だし汁について

だし汁は、昆布とけずりぶしからとっています。だしパックを使用する場合は、無添加のものを選ぶようにしてください。

簡単なだし汁の作り方

◎材料
水……………2カップ　　混合けずりぶし
昆布………5〜6cm　　　…………大さじ2〜3

◎作り方

1　鍋に水と昆布を入れて加熱する（昆布だしを作り置きしてある場合には、2カップ分を鍋に入れて加熱する…＊）。

2　沸騰する直前に昆布を取り出し、混合けずりぶしを入れる。

3　弱火にして2〜3分煮出したら火を止め、かすとり網でだしがらをすくう。

＊…さらに手早くだし汁が作れるので、昆布だしの作り置きもおすすめです。容器に昆布と水を入れて（昆布10cm角3枚に対して水1L程度）半日ほど浸しておくと、ほんのり色がついたとろみのあるだしがとれます。昆布を浸したまま冷蔵庫で2〜3日保存でき、お味噌汁や煮物などにも使えるので、常備しておくと重宝します。

CONTENTS

『おかず図鑑』……P20

A まとめて作って冷凍保存できるおかず……P22

B 手早く作れてボリュームのあるおかず……P34

はじめに ……P2
この本を使う皆さまへ ……P4

おかず図鑑の使い方 ……P8
フライパンで定番弁当の日
スピーディに作りたい日
あっさり和風弁当の日
しっかりスタミナ弁当の日
野菜でボリュームの日
おしゃれに仕上げたい日
晩ごはんの素材で作る日
行事のある特別な日

1　ふんわりチキンナゲット
2　鶏と大葉のロールカツ
3　チーズハンバーグ
4　ミートボール
5　焼き豚
6　ミンチカツ
7　シュウマイ
8　さばの竜田揚げ
9　いわしロール
10　タラのひと口フライ
11　春巻き

冷凍方法について ……P33

牛肉炒めのバリエーション ……P34
12　牛肉とポテトのカレー味
13　牛肉とにんじんの味噌炒め
14　牛肉とまいたけのマスタードしょうゆ
15　牛肉とごぼうの甘辛炒め
16　牛肉とたけのこのオイスターソース

くるくる豚ロース巻き ……P36
17　豚肉のサラダ巻き
18　豚巻きオニオンマスタード
19　ししとうの豚味噌巻き
20　豚肉のしいたけチーズ
21　長いもと梅の豚ロール

ジューシー鶏肉おかず ……P38
22　スパイスチキン
23　鶏とれんこんの炒り煮
24　ピリ辛鶏
25　手羽中のごま揚げ焼き
26　鶏のゆずコショウ焼き

魚介であれこれ ……P40
27　ひと口ぶり照り
28　さわらの簡単西京焼き
29　甘辛ホタテ
30　鮭の味噌バター焼き
31　エビのオイル焼き

鮮やか卵おかず ……P42
32　明太炒り卵
33　春菊の卵とじ
34　カラフルオムレツ
35　にら玉キムチ
36　ねぎ入りだし巻き

残り野菜で揚げ焼き ……P44
37　さつまいもと三つ葉の揚げ焼き
38　ピーマンとひじきの揚げ焼き
39　玉ねぎとにんじんのミニかき揚げ
40　ゴーヤのおかか揚げ

ポテトサラダいろいろ ……P46
41　ツナと貝割れのポテトサラダ
42　たらもサラダ
43　きゅうりコーンポテト
44　ハムとえんどう豆のポテトサラダ

じゃがいも七変化 ……P48
45　ポテトカップグラタン
46　枝豆チーズポテト
47　カレーフライドポテト
48　じゃがひじきバター
49　おじゃがのおやき

C 味わいに変化をつける野菜のおかず …P50

ご飯がすすむ甘辛味 …P50
- 50 れんこんとこんにゃくのきんぴら
- 51 きのこの佃煮
- 52 揚げ焼きかぼちゃ
- 53 なすの甘辛炊き

さっぱり甘酢仕立て …P52
- 54 オクラとわかめの酢のもの
- 55 キャベツとレーズンのピクルス風
- 56 きゅうりと大葉のさっぱり和え
- 57 カリフラワーとにんじんの甘酢

レンジでおだし味 …P54
- 58 にんじんとしめじのだし風味
- 59 水菜とお揚げの煮びたし
- 60 絹さやとひろうすの炊いたん
- 61 小いもの桜エビ煮
- 62 たけのことししとうの炊いたん

コクと香りのごま風味 …P56
- 63 しめじの白ごま和え
- 64 マヨごまアスパラ
- 65 たたきごぼう
- 66 ピリ辛ほうれん草
- 67 なすのごましょうゆ

D 便利素材で作るスキマおかず …P58

茹で&和えペンネ …P58
- 68 ペンネのチーズパセリ和え
- 69 たらマヨペンネ
- 70 ハムとセロリのペンネ
- 71 ベーコンケチャップペンネ

コロコロちくわ詰め …P60
- 72 貝割れ梅ちくわ
- 73 ちくわの味噌きゅうり
- 74 チーズちくわのわさび風味
- 75 にんじんとちくわの大葉巻き

アレンジウインナー …P62
- 76 ウインナーのお好み風
- 77 オニオンカレーウインナー
- 78 チーズペッパーウインナー
- 79 ウインナーとキャベツのケチャップ炒め

カラフルツナ野菜 …P64
- 80 ツナとブロッコリーの中華風味
- 81 ツナマヨラディッシュ
- 82 水菜とツナのさっぱり和え
- 83 プチトマトのツナサラダ

乾物で作り置き …P66
- 84 煮干しのカラメル炊き
- 85 細切りわさび昆布
- 86 ふっくら黒豆

楽しく、おいしい、お弁当生活のために。…P68

『ご飯が主役のお弁当』…P70

■ 卵で作る簡単ごはん …P72
- ピリ辛ライス
- ふりかけ市松弁当
- オムごはん
- きつね御膳

■ 行事の日の華やかごはん …P80
- 巻きずし
- おめかしむすび
- 中華おこわボール
- おいなりさん
- 栗ごはん

■ 番外編
ご飯のない時のお助け弁当 …P90
- ポケットサンド
- サラダうどん

おわりに …P92
おかず図鑑インデックス …P94

おかず図鑑の使い方

いつも同じようなお弁当になってしまう、ということはありませんか？
飽きずに続けたいお弁当生活、でも毎日のおかず選びはなかなか難しいもの。
そこで、メイン、ボリュームのあるおかず、野菜のおかず、脇役と、おかずを4つに分けて紹介します。
ABCDを組み合わせれば、悩まず迷わずおいしいお弁当のできあがりです。

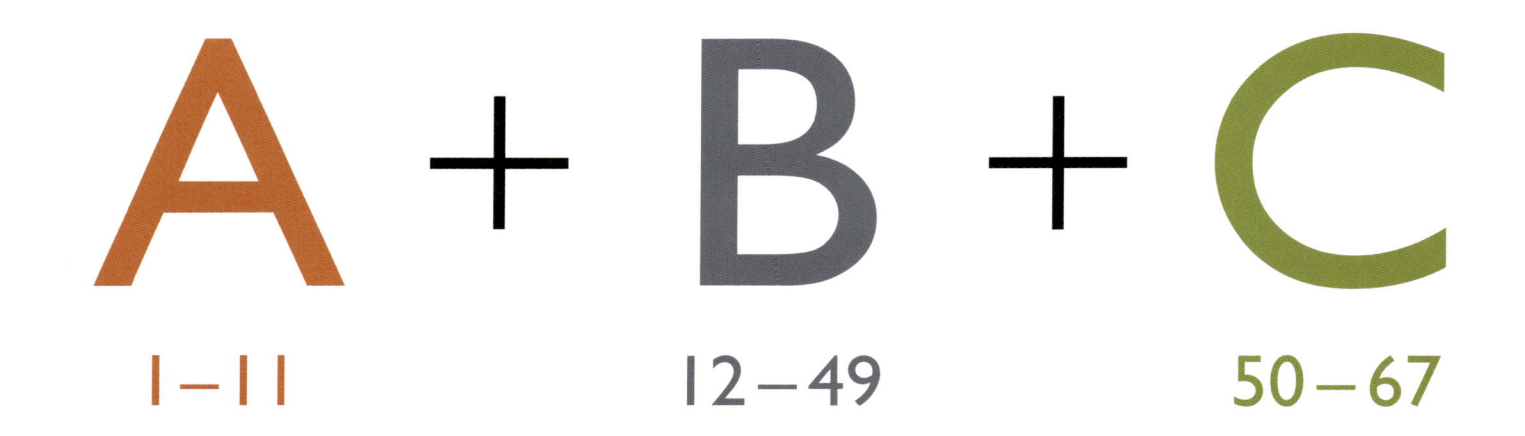

A + B + C

1–11　　　12–49　　　50–67

まとめて作って冷凍できる
メインになるおかず

揚げものやお肉料理など、ボリュームがあってお弁当のメインになるおかずです。時間のある時にまとめて作って冷凍しておけば、朝に手間をかけずにお弁当の一品ができます。晩ごはんのおかずにもなるので、作り方を知っておくといろいろな場面で役立ちます。冷凍方法については、P33に詳しくまとめているので参照ください。

手早く作れて
満足感を高めるおかず

主菜にも副菜にもなり、お弁当の分量だけでもさっと作れるボリュームのあるおかずです。同じ素材を使ったおかずでも、調味料や合わせる具材を変えることでバリエーションは広がります。作り方を覚えたら、旬の素材を使って応用してみてください。

味わいに変化をつける
野菜の小さなおかず

ほんの少量でもおいしく作れる、野菜のメニューです。組み合わせるおかずとは違う味つけを選べるように、甘辛味、甘酢味、おだし味、ごま風味と、4種類の味わいごとに紹介しています。味つけを変えることで、季節の野菜も毎日飽きずにいただけますよ。

+D
68–86

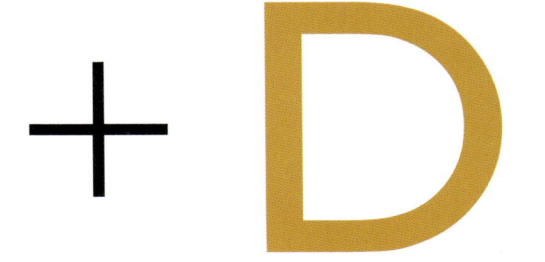

作る人も食べる人もうれしい！

便利素材で作る
スキマおかず

このスキマにもう一品、という時のお助けおかずです。ペンネやちくわなどの便利素材を使ってあっという間に作れるおかずと、豆や煮干しなどの乾物を使った作り置きできるおかずを紹介します。

続けやすくてバランスのいい
おいしいお弁当に

素材や味つけ、彩りなどを毎日考えるのは大変ですが、ABCDを組み合わせれば、自然とバランスのいいお弁当ができます。必ず4種類を組み合わせなくても大丈夫です。次頁からのサンプルを参考に、食べる人や場面に合った日々のお弁当を、ぜひ楽しみながら作ってみてください。

フライパンで定番弁当の日

自分なりに作り慣れた得意なお弁当があると、余裕のない時にも負担が少なく心強いものです。ちなみにこれは私の定番。卵焼き→冷凍春巻きを温める→きんぴらの順に、フライパンひとつで作っています。特に、何度食べても飽きない好みのおかずを手早く作れるようになると、お弁当作りがより楽しくなりますよ。

11 + 36 + 50

11　春巻き (P32)
36　ねぎ入りだし巻き (P43)
50　れんこんとこんにゃくのきんぴら (P51)

スピーディに作りたい日

とにかく時間がない！ そんな朝にはAのまとめて作っておくおかずをメインに。最終調理したものを冷凍したおかずなら、朝は温めるだけです。副菜にはBの手早く作れるおかずから、形を気にせず仕上げられる一品を。Dのスキマおかずを加えて10分で完成です。P72からの卵で作る簡単ごはんもおすすめです。

1 ＋ 33 ＋ 73

1 ふんわりチキンナゲット（P22）
33 春菊の卵とじ（P42）
73 ちくわの味噌きゅうり（P61）

あっさり和風弁当の日

胃腸がちょっぴり疲れている……。そんな時は、旅館の朝ごはんをイメージして献立を考えてみてください。魚介のおかず（P40〜41）に、おだし味や甘酢味の野菜のおかず（P52〜55）を組み合わせると、やさしい味わいの和風弁当に。梅干しを添えると、よりさっぱりします。

28 ＋ 56 ＋ 59 ＋ 86

28 さわらの簡単西京焼き（P40）
56 きゅうりと大葉のさっぱり和え（P53）
59 水菜とお揚げの煮びたし（P54）
86 ふっくら黒豆（P67）

しっかりスタミナ弁当の日

スタミナが欲しい時はお肉のおかず（P34〜39）をメインに。お肉は晩ごはんの素材から少しだけ取り分けておくと便利です。あとはCの野菜の小さなおかずから、緑黄色野菜もしっかり組み合わせてください。たとえば、ほうれん草ならおひたしよりピリ辛味に、かぼちゃなら煮物ではなく揚げ焼きにして甘辛く仕上げると、ご飯もすすみます。

13 + 52 + 66

13 牛肉とにんじんの味噌炒め（P34）
52 揚げ焼きかぼちゃ（P51）
66 ピリ辛ほうれん草（P57）

野菜でボリュームの日

野菜のおかずで満足感のあるお弁当が作りたい時は、揚げ焼き(P44〜45)がおすすめ。天ぷらは面倒でも、揚げ焼きなら少ない油で作れます。ほかに、じゃがいものおかず(P46〜49)もボリュームアップになります。じゃがいもは日持ちもよく、いろいろなメニューが作れるので、常備しておくと便利ですよ。

39 ＋ 42 ＋ 53

39 玉ねぎとにんじんのミニかき揚げ (P45)
42 たらもサラダ (P47)
53 なすの甘辛炊き (P51)

おしゃれに仕上げたい日

いつもより少し時間をかけて、おしゃれなお弁当を作りたい！ そんな時は、明るい彩りの洋風おかずを盛りつけると、ご飯中心のお弁当でもパッと印象が華やぎます。スキマには便利素材のペンネ（P58〜59）を加えてデリ風に。ホーローの容器を活用したり、砕いたアーモンドを散らしたり、遊び心もポイントです。

17＋31＋46＋71

17 豚肉のサラダ巻き（P36）
31 エビのオイル焼き（P41）
46 枝豆チーズポテト（P48）
71 ベーコンケチャップペンネ（P59）

晩ごはんの素材で作る日

うっかりお弁当の材料を買い忘れてしまったという時は、晩ごはんの材料で作ってみてください。同じ材料でもメニューを変えれば、翌日のお弁当も飽きずにおいしくいただけますよ。ひとり暮らしであれこれ買い揃えられない方にもおすすめです。ごはんがなくて困った！ という時は、P90〜91のお助け弁当もぜひ活用ください。

23 + 58 + 64

ゆかりは家でも簡単に作れます。梅じその葉をしぼって刻み、耐熱皿に広げて電子レンジで加熱（700wで2〜3分）します。乾燥したら手でほぐして完成です。

23　鶏とれんこんの炒り煮 (P38)
58　にんじんとしめじのだし風味 (P54)
64　マヨごまアスパラ (P56)

同じ材料で別メニューを

晩ごはんのおかずそのものをお弁当のおかずにする案もありますが、少しアレンジを加えると味わいも気分も違ってきます。たとえ全く同じ材料だとしても、晩ごはんで煮物にしたら、お弁当では炒め物にするなど、調理の方法を変えてみましょう。ここでは、晩ごはんの「筑前煮」、「アスパラの天ぷら」、「しめじの味噌汁」とほぼ同じ材料で、左ページのお弁当のおかずを作ってみました。

〈お弁当〉　　　　　〈素材〉　　　〈晩ごはん〉

「鶏とれんこんの　　鶏もも肉
炒り煮」　　　　　れんこん　　　「筑前煮」
　　　　　　　　　にんじん
　　　　　　　　　こんにゃく
　　　　　　　　　絹さや
「にんじんとしめじの しめじ　　　「味噌汁」
だし風味」　　　　 だし汁
　　　　　　　　　わかめ
「マヨごまアスパラ」　アスパラガス　「天ぷら」

行事のある特別な日

広げた瞬間の笑顔が見える……。遠足やハイキングなどの特別な日には、食べる人が大好きなおかずをメインにしましょう。たとえいつものおかずでも、食べやすいひと口サイズにしたり、ワックスペーパーで包んだり、ひと手間かけるとスペシャル感も出ます。運動会など大勢でいただくお弁当なら、P80からの「行事の日の華やかごはん」に挑戦してみてください。

4 ＋ 34 ＋ 47 ＋ 84

4　ミートボール（P25）
34　カラフルオムレツ（P43）
47　カレーフライドポテト（P49）
84　煮干しのカラメル炊き（P67）

子どもが喜ぶお弁当

幼稚園や小学校などで祭事やイベントがある日、子どもはワクワクした気分で過ごし、その日のお弁当もいつも以上に楽しみにしているものです。でも、だからといって、普段作ったことのない手の込んだおかずや、凝った盛り付けにしなくても大丈夫。大切なのは、子どものお気に入りのおかずを作ってあげることです。「どんなお弁当がいい?」とリクエストを聞いてあげてもいいかもしれません。また、果物を別に添えるだけでも、いつもよりちょっぴり豪華なお弁当になります。

　そしてもうひとつ、特にまだ幼いうちはコロコロとまるい形が大好きです。蓋を開けた時に、かわいいおにぎりが並んでいるだけで、きっと笑顔になるでしょう。何より、「この日のために特別に作ってくれた」という喜びは、子どもにとって一番うれしいごちそうになるはずです。

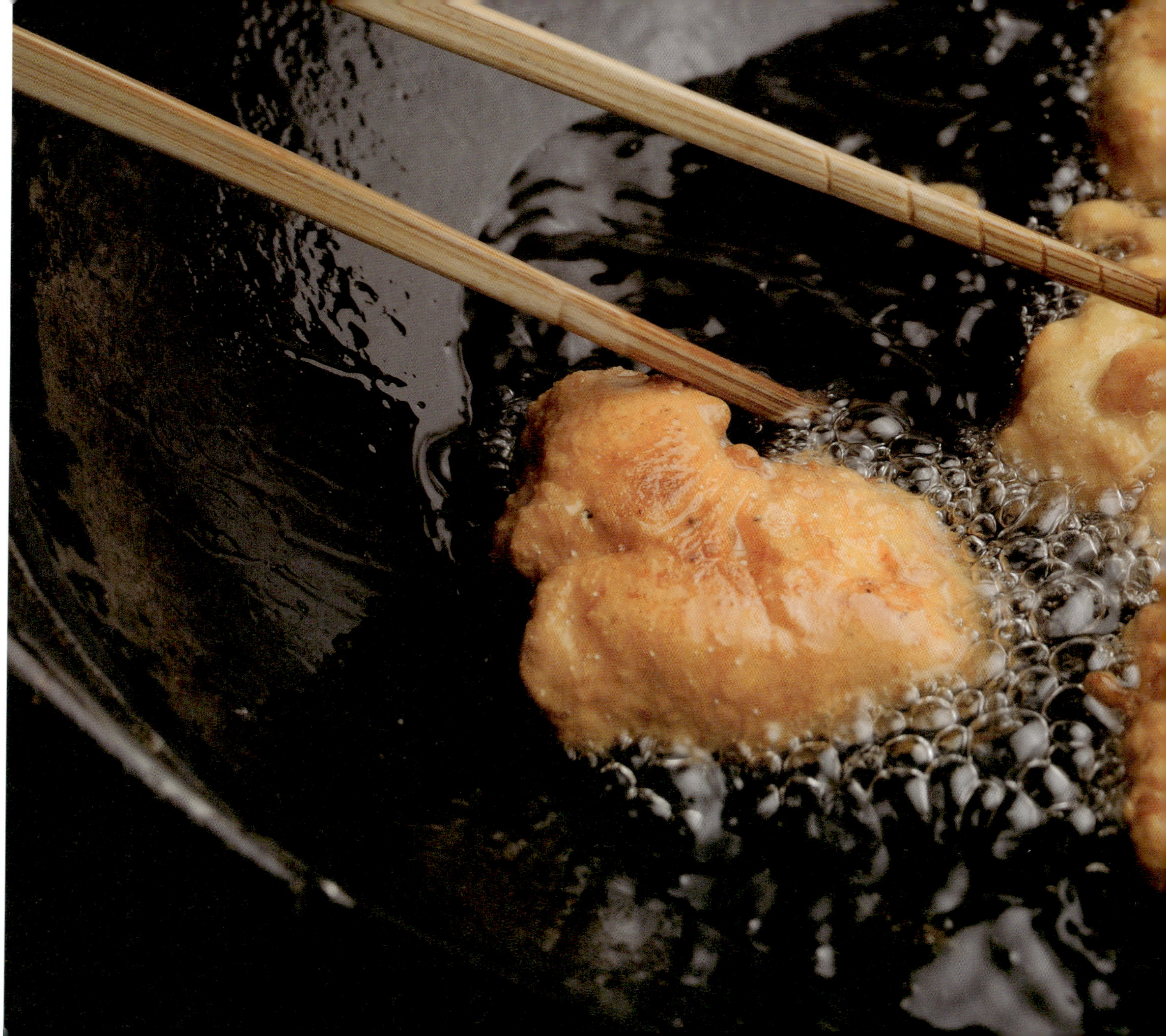

おかず図鑑

手早く、無駄なく、おいしく作るための
ポイントを盛りこんだ、お弁当のおかず集。
組み合わせを考えやすいように、
テーマごとに4つにまとめて紹介しています。

A　まとめて作って
　　冷凍保存できるおかず

B　手早く作れて
　　ボリュームのあるおかず

C　味わいに変化をつける
　　野菜のおかず

D　便利素材で作る
　　スキマおかず

ふんわりチキンナゲット

◎材料（作りやすい量）
ささみ………… 4本
塩・コショウ…… 各少々
揚げ油………… 適量
（鶏肉が浸かる程度）

A ┃ 小麦粉……… 大さじ5
　 ┃ 卵………… 1個
　 ┃ しょうゆ…… 小さじ1/2

◎作り方
1　ささみは筋を取り除き、1cm幅のナナメ切りにして塩・コショウをする。
2　ボウルにAを合わせ、1を加えてざっくり混ぜる。…*
3　油を熱し、2をフォークなどで2〜3切れずつすくい、油にそっと落とす。…**
4　かたまったらひっくり返し、中火でキツネ色になるまで揚げる。

*…しょうゆを加えると、ほんのり香ばしく仕上がる。
**…フォークやスプーンを使うと、作りやすい。

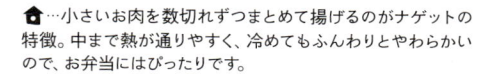

🏠…小さいお肉を数切れずつまとめて揚げるのがナゲットの特徴。中まで熱が通りやすく、冷めてもふんわりとやわらかいので、お弁当にはぴったりです。

◎冷凍の手順はP33参照

A　まとめて作って冷凍保存できるおかず

2 鶏と大葉のロールカツ

◎材料 (作りやすい量／8個分)
鶏むね肉……1枚 (250g)
大葉…………8枚
パン粉…………適量
塩・コショウ……各少々
揚げ油…………適量
(カツ全体が浸かる程度)
ケチャップ…………適量
粒マスタード…………適量
A [小麦粉……大さじ3～4
    卵…………1個]

◎作り方
1 鶏肉は皮をはぎ、8枚分の薄いそぎ切りにして塩・コショウをする。
2 **1**のそれぞれに大葉をのせて、くるくると巻いていく。
3 ボウルに**A**を混ぜ合わせて衣を作り、**2**をくぐらせてパン粉をまぶす。
4 油を熱し、**3**を中火で転がしながら、キツネ色になるまで揚げる。
5 ケチャップや粒マスタードを添える。

🏠…やわらかくて巻きやすい、むね肉やささみで作るのがおすすめ。大葉の代わりにバジルやのりを巻いてもおいしいです。

◎冷凍の手順はP33参照

3 チーズハンバーグ

◎材料 (作りやすい量／大4個分)

合びき肉	350g	バジル (刻む)	3〜4枚
玉ねぎ	1/2個	オリーブ油	適量
パン粉	大さじ3	スライスチーズ	2枚
卵	1個		
塩・コショウ	各少々	A ケチャップ	大さじ3
ナツメグ	少々	とんかつソース	大さじ3

◎作り方

1. 玉ねぎはみじん切りにする。熱したフライパンにオリーブ油をひき、透き通るまで炒めたら冷ます。
2. ボウルにひき肉、塩・コショウ、ナツメグ、バジルを入れ、粘り気が出るまで手でしっかりこねる。…*
3. 2に卵を入れて、まんべんなく混ぜ合わせたら、さらにパン粉と1を加えてざっくり混ぜる。4個の小判形に丸め、中央を軽くへこませる。
4. 熱したフライパンにオリーブ油をひき、3を並べる。焼き色がしっかりついたらひっくり返し、弱火にする。蓋をして7〜8分蒸し焼きにする。…**
5. 4にAを加えてよく絡め、火を止める。チーズを2等分して、それぞれにのせる。

*…つなぎの具材を混ぜる前に肉をしっかりこねておくと、ふんわりジューシーに仕上がる。
**…フライパンに肉を並べたら動かさず、一気に焼いて旨みを閉じ込める。

🏠…ここでは、晩ごはんにもなる大きさで作っています。お弁当には半分にするなど、適当な大きさに切って入れてください。

◎冷凍の手順はP33参照

4 ミートボール

◎材料（作りやすい量／12〜15個分）

合びき肉………… 200g
九条ねぎ（青ねぎ）
………… 1本
しょうが汁…… 小さじ1
塩・コショウ… 各少々
片栗粉………… 小さじ1

A ┌ 砂糖………… 大さじ2
　│ 酢…………… 大さじ2
　│ しょうゆ…… 大さじ2
　│ みりん……… 大さじ1
　│ 片栗粉……… 大さじ1
　└ 水…………… 大さじ3

◎作り方

1 ねぎはみじん切りにする。
2 ボウルにA以外の材料を入れて混ぜ合わせ、手でしっかりこねる。
3 2をひと口大に丸め、団子を12〜15個作る。
4 フライパンを熱したら、いったん火を止め、3を並べる。蓋をして、弱火で蒸し焼きにする。
5 団子が白っぽくなったら蓋をはずし、中火で転がすように焼く。
6 小鍋にAを入れ、弱火にして底からかき混ぜる。とろみがついたら5を加え、たれを絡める。

🏠…甘酢味だけでなく、ケチャップ&ソース、しょうゆ&山椒など、たれをアレンジすると、また違った味わいが楽しめますよ。

◎冷凍の手順はP33参照

5 焼き豚

◎材料 (作りやすい量)
- 豚かたまり肉 (ロースまたはもも) ……… 400g
- にんにく………… 1片
- しょうが………… 1片
- 塩・コショウ……… 各少々
- ローリエ………… 1枚
- ごま油………… 適量
- A ┌ 砂糖……… 大さじ1と1/2
  │ しょうゆ……… 大さじ2
  └ みりん……… 大さじ2

◎作り方
1. 豚肉はたこ糸で形をととのえながら巻き、塩・コショウをする。…*
2. にんにくとしょうがは薄切りにして、1の豚肉の表面と糸の間にまんべんなくはさみ込む。
3. アルミ箔に2をのせ、さらにローリエをのせて、全体を包む。…**
4. 3を200度のオーブンで30分ほど焼く。アルミ箔を少しだけ開き、串を刺してみる。透明な汁が出たら、アルミ箔を再び閉じ、オーブンのなかで20分ほど冷ます (赤みが混じっていたら、5分ほど加熱する)。
5. 4のアルミ箔をそっと広げ、肉汁を別の容器に移す。熱したフライパンにごま油を薄くひいて肉を入れ、強火で表面に焼き色をつける。
6. 5の肉をいったん取り出す。フライパンにAと5の肉汁を戻して弱火で煮詰め、たれを作る。とろみがついたら肉を戻し、全体にたれを絡めてつやを出す。
7. 火を止めて肉を取り出し、粗熱がとれたら糸をはずす。薄く切り分けてたれをかける。

*…肉を糸で巻くことで、身がしまり、形よく仕上がる。
**…肉汁がこぼれ出ないように、アルミ箔の両端は上に向けて閉じる。

◎冷凍の手順はP33参照

A まとめて作って冷凍保存できるおかず

6 ミンチカツ

◎材料（作りやすい量／8個分）

合びき肉……… 300g	揚げ油………… 適量
玉ねぎ………… 1/4個	（カツ全体が浸かる程度）
セロリ………… 10cm	オリーブ油…… 適量
にんじん……… 3cm	ケチャップ…… 適宜
パン粉………… 適量	ソース………… 適宜
溶き卵………… 1/3個分	
塩・コショウ… 各少々	
ナツメグ……… 少々	

A
- 小麦粉…… 大さじ3～4
- 溶き卵…… 2/3個分
- 水………… 大さじ1～2

◎作り方

1. 玉ねぎ、セロリ、にんじんはみじん切りにする。熱したフライパンにオリーブ油をひき、しんなりするまで炒めたら、塩・コショウをして冷ます。
2. ひき肉に塩・コショウとナツメグを加え、手でしっかりこねる。1、溶き卵（1/3個分）、パン粉大さじ2（分量外）を加えてまんべんなく混ぜ合わせ、8個の小判形に丸めて真ん中を軽くへこませる。…*
3. ボウルにAを混ぜ合わせて衣を作り、2をくぐらせ、パン粉をまぶす。
4. 油を熱し、3を弱火で返しながら10分ほど揚げる。
5. 好みで、ケチャップやソースを添える。

*…揚げるとかなり膨れてくるので、薄めに丸めたら破裂しないように真ん中をへこませておく。

◎冷凍の手順はP33参照

7 シュウマイ

◎材料（作りやすい量／8個分）

- シュウマイの皮……… 8枚
- 豚ひき肉………… 90g
- 玉ねぎ………… 1/6個
- エビ（ブラックタイガー）………… 3尾
- 酒………… 少々

A
- 砂糖………… 小さじ1/2
- しょうゆ………… 小さじ2
- 塩・コショウ…… 各少々
- しょうが汁………… 小さじ1/2
- 片栗粉………… 小さじ1
- ごま油………… 小さじ1/2

◎作り方

1. 玉ねぎはみじん切りにする。
2. エビは殻をむいて背ワタを取り除き、酒をふって、細かく切る。…*
3. 豚肉と1、2、Aを混ぜ合わせて8等分に分け、それぞれを皮で包む。…**
4. せいろ（または蒸し器のすのこ）にクッキングシートを敷き、3を並べる。…***
5. 鍋に湯を沸かし、湯気がたったらせいろをのせ、中火で12分ほど蒸す（蒸している間に水がなくならないように注意してください）。

*…酒をふると、エビの臭みがやわらぐ。
**…指でOKマークを作って、その上に皮をおき、中央に具材をのせて押し込む。
***…クッキングシートを敷いておくと、シュウマイの底面がくっつかない。

Omake Recipe
「皮のパリパリ揚げ」
シュウマイの皮を油で揚げ、塩・コショウをすれば簡単おつまみのできあがり。粉チーズをまぶしてもおいしいですよ。

🏠…湯気のあがった状態でせいろをのせ、一気に蒸し上げるのが理想ですが、初心者の人は、鍋にせいろをセットしてから強火で加熱しても大丈夫です。

◎冷凍の手順はP33参照

A まとめて作って冷凍保存できるおかず

8 さばの竜田揚げ

◎材料（作りやすい量）
生さば……… 4切れ（1尾分）
片栗粉………… 適量
揚げ油………… 適量
（さばが浸かる程度）

A ┌ しょうゆ……… 小さじ2
　├ 酒……… 小さじ1
　└ しょうが汁…… 小さじ1

◎作り方
1　さばは骨にそって包丁をすべらせて身をはずし、中骨を取り除く。皮ごとひと口大のそぎ切りにする。…＊
2　ボウルにAを合わせ、1を10分ほどひたして下味をつけたら、片栗粉をまぶす。
3　油を熱し、2を中火で2〜3度返しながら、表面がカリッとなるまで揚げる。

＊…さばの下ごしらえ／腹側から包丁を入れ、中骨の上にすべらせて身をはずす。小骨は骨抜きで抜き取る。

🏠…下味をつけてから揚げるので、そのままでおいしく食べられます。あじやタラで作るのもおすすめです。

◎冷凍の手順はP33参照

9 いわしロール

◎材料（作りやすい量）
- いわし（15cmくらい）……… 8尾
- 大葉………… 4枚
- しょうゆ………… 大さじ½
- 塩・コショウ………… 各少々
- サラダ油………… 少々

◎作り方
1. いわしは頭を切り落とし、内臓を取り除いて手開きする。冷水できれいに洗い、中骨をはずす。…＊
2. 1の水気をキッチンペーパーで拭き取り、塩・コショウをする。大葉は縦半分に切る。
3. 2の身側を上にして、それぞれに大葉をのせて巻いていく。二つずつ、つまようじで留める。
4. 熱したフライパンに薄くサラダ油をひいて3を並べ、上下に焼き色をつけたら弱火にする。蓋をして1〜2分蒸し焼きにする。
5. 仕上げに、蓋をとって強火にし、しょうゆをまわしかける。

＊…いわしの手開き／親指を骨に沿わせ、左右に開いていく。中骨を尾に向かってしごいていき、身からはずす。

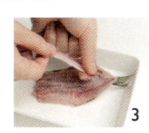

🏠…ここでは片口いわしで作っています。真いわしなど身が厚いものは、焼き時間を長くしてください。

◎冷凍の手順はP33参照

10 タラのひと口フライ

◎材料 (作りやすい量)
生タラ………… 2切れ
パン粉………… 適量
塩・コショウ……… 各少々
揚げ油………… 適量
(タラが半分浸かる程度)
オリーブ油………… 適量
A ┌ 小麦粉…… 大さじ3〜4
　└ 卵……… 1個

◎作り方
1 タラは皮をはがし、骨があったら骨抜きで取る。ひと口大に切り、塩・コショウをする。
2 ボウルにAを混ぜ合わせる。
3 タラを2にくぐらせてパン粉をまぶす。
4 油にオリーブ油を加えて熱し、中火で返しながらキツネ色になるまで揚げる。…*

*…揚げ油にオリーブ油を加えると、香りがよくなる。

◎冷凍の手順はP33参照

11 春巻き

◎材料（作りやすい量／10本分）
- 春巻きの皮 ………… 10枚
- 豚ひき肉 ………… 120g
- しいたけ（生）……… 4個
- ザーサイ（瓶）
  ………… 大さじ2（20g）
- 春雨 ………… 30g
- 揚げ油 … 適量（春巻きが半分以上浸かる程度）
- ごま油 ………… 適量
- A
  - しょうゆ
    ………… 大さじ1と1/2
  - 塩・コショウ … 各少々
  - しょうが汁
    ………… 大さじ1/2
  - 片栗粉 ……… 小さじ1

◎作り方

1. しいたけは石づきを切り落とし、細切りにする。ザーサイは細切りにする。
2. 春雨は熱湯で戻し、適当な長さに切る。
3. 熱したフライパンにごま油をひき、豚肉と1を炒める。肉の色が変わったら火を止め、2を入れてほぐす。再び弱火にしてAを加え、全体を混ぜ合わせる。…＊
4. 3の粗熱がとれたら10等分に分け、それぞれ皮にのせて巻き、水と小麦粉（ともに分量外）を合わせたもので貼り合わせる。
5. 油を熱し、4の巻き終わりを下にして入れ、中火で返しながらキツネ色になるまで揚げる。

＊…春雨はほぐすのに少々時間がかかるので、一旦火を止めて加える。

Omake Recipe
「チーズスティック」
プロセスチーズを春巻きの皮で巻いて揚げ、塩・コショウをまぶした、ワインにも合う一品。大葉やバジルなど香味野菜といっしょに巻くのもおすすめです。

◎冷凍の手順はP33参照

冷凍方法について

まとめて作って冷凍保存しておいたおかずは、朝手間がかからずにお弁当の一品にできます。
メニューによって、揚げる前や焼く前に冷凍する方法と、最終調理してから冷凍する方法があります。

◎冷凍について

途中の段階で冷凍する場合 ……☆

ひとつひとつラップで包む必要はないですが、使う分だけ取り出せるように、素材どうしの表面がくっつかないようにしてください。空気に触れていると霜がつき味も落ちてしまいます。包んでビニール袋に入れ、空気を抜いて冷凍しましょう。

完成したものを冷凍する場合 ……★

最終調理したものは、しっかり冷ましてから冷凍しましょう。使う分だけ取り出せるように、ビニール袋に入れる時は重ならないように並べてください。
パン粉をまぶしてあるものは、素材どうしの表面がくっつかないようにラップで包んでからビニール袋へ。空気を抜いて冷凍しましょう。

◎解凍について

自然解凍する場合は、いきなり常温で解凍するのではなく、前日に冷蔵庫に移すなどして解凍してください。「トースターで温める」と記載しているものは、ほかのおかずで使ったフライパンの余熱を利用しても温められます。

◎保存期間について

冷凍することで日持ちはしますが、あまり長く保存しておくと、冷凍庫の臭いが移り、味も落ちてきます。できるだけ10日間以内に使い切るようにしましょう。

「A まとめて作って冷凍保存できるおかず」の冷凍の手順 → 解凍の手順

1 ふんわりチキンナゲット　8 さばの竜田揚げ
★揚げた後、ビニール袋に並べて冷凍。 → 自然解凍するか、冷凍のままアルミ箔で包んでトースターで2～3分温める。

2 鶏と大葉のロールカツ　6 ミンチカツ　10 タラのひと口フライ
☆揚げる前にラップで包み、ビニール袋に入れて冷凍。 → 自然解凍して揚げる。
★揚げた後にラップで包み、ビニール袋に入れて冷凍。 → 冷凍のままアルミ箔で包み、トースターで2～3分温める。

3 チーズハンバーグ
☆小判形に丸めてからラップで包み、ビニール袋に入れて冷凍。 → 自然解凍して焼く。
★焼いてたれを絡めた後（チーズはのせない）、ビニール袋に並べて冷凍。 → 冷凍のまま耐熱皿に並べてラップをかぶせる。電子レンジで解凍し、熱いうちにチーズをのせる。

4 ミートボール
★焼いた後（たれは絡めない）、ビニール袋に並べて冷凍。 → 小鍋にたれを作って冷凍の団子を入れ、2～3分温める。

5 焼き豚
★切り分けてから少量ずつラップに包み、ビニール袋に入れて冷凍。 → 自然解凍するか、トースターやフライパンの余熱を利用して温める。

7 シュウマイ
☆蒸す前にラップで包み、ビニール袋に入れて冷凍。 → 冷凍のまま20分ほど蒸す。
★蒸した後にラップで包み、ビニール袋に入れて冷凍。 → 自然解凍する。

9 いわしロール
☆形がくずれないように、ビニール袋や密閉容器に並べて冷凍。 → 自然解凍して焼く。冷凍のまま焼く場合は、弱火で4～5分蒸し焼きにする。

11 春巻き
☆揚げる前にラップで包み、ビニール袋に入れて冷凍。 → 冷凍のまま中火でじっくり揚げ焼き（蓋をする）にする。
★揚げた後、ビニール袋に並べて冷凍。 → 冷凍のままアルミ箔で包み、トースターで1～2分温める。

牛肉炒めの
バリエーション

切らずにそのまま使える牛のこま切れ肉。
野菜とさっと炒めるだけで、
ボリュームのあるおかずが作れます。
調味料やスパイスで変化をつけると、
和洋中さまざまに味わえますよ。

Obento Point
「肉はすぐに動かさない!」
お肉は熱がゆっくり伝わるとかたくなってしまいます。フライパンに広げたら、ジュワーッと脂が出てくるまで動かさないで! ほどよく焦げ目もついて香ばしくなり、独特の臭みもやわらぎます。

12 牛肉とポテトの カレー味

◎材料 (2人分)
牛こま切れ肉 …… 80g
じゃがいも …… 1/2個
オリーブ油 …… 適量

A
- カレー粉 …… 小さじ1/2
- ナツメグ …… 少々
- しょうゆ …… 小さじ1
- 塩・コショウ …… 各少々
- ケチャップ …… 小さじ1

◎作り方
1 じゃがいもは皮をむき、3cmの拍子木切りにしてさっと水にくぐらせ、アク抜きをする。耐熱皿に入れ、ラップをして電子レンジで加熱 (700Wで1〜2分) する。
2 熱したフライパンにオリーブ油をひき、牛肉を炒める。火が通ったら1を加え、Aを混ぜ合わせて軽く炒める。

13 牛肉とにんじんの 味噌炒め

◎材料 (2人分)
牛こま切れ肉 …… 80g
にんじん …… 3cm
塩・コショウ …… 各少々
ごま油 …… 適量
白ごま …… 適宜

A
- 砂糖 …… 小さじ1/2
- 味噌 …… 大さじ1/2
- みりん …… 大さじ1/2

◎作り方
1 にんじんは長さ3cmのせん切りにする。
2 熱したフライパンにごま油をひき、牛肉と1を炒め、塩・コショウをする。火が通ったらAを混ぜ合わせて軽く炒め、仕上げにごまをふる。

🏠…ピーマンや玉ねぎでもおいしいです。

14 牛肉とまいたけのマスタードしょうゆ

◎材料 (2人分)
牛こま切れ肉……… 80g
まいたけ……… ½パック (50g)
塩・コショウ……… 各少々
オリーブ油……… 適量
A [しょうゆ……… 大さじ1
　　みりん……… 大さじ½
　　粒マスタード……… 小さじ½]

◎作り方
1 まいたけは石づきを切り落とし、適当な大きさに手で分ける。
2 熱したフライパンにオリーブ油をひき、牛肉を炒めて塩・コショウをする。火が通ったら1を加え、Aを混ぜ合わせて軽く炒める。

🏠…マスタードを少し加えると、後味がさっぱりします。

15 牛肉とごぼうの甘辛炒め

◎材料 (2人分)
牛こま切れ肉……… 80g
ごぼう……… ¼本
ごま油……… 適量
七味唐辛子……… 適宜
A [砂糖……… 大さじ½
　　しょうゆ……… 大さじ½
　　みりん……… 大さじ½]

◎作り方
1 ごぼうは土を洗い流す。まわし切りにして水にさらし、アク抜きをする。…*
2 熱したフライパンにごま油をひき、牛肉と1を炒める。火が通ったらAを混ぜ合わせて軽く炒め、好みで七味をふる。

*…ごぼうをまわしながら、ナナメに切っていく。

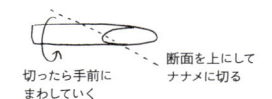

切ったら手前にまわしていく　断面を上にしてナナメに切る

16 牛肉とたけのこのオイスターソース

◎材料 (2人分)
牛こま切れ肉……… 80g
たけのこ (水煮)……… ¼本 (80g)
わけぎ……… ½本
にんにく……… 少々
しょうが……… 少々
オイスターソース……… 大さじ½
塩・コショウ……… 各少々
ごま油……… 適量

◎作り方
1 たけのこはイチョウ切りにする。わけぎはナナメに切る。
2 にんにくとしょうがはみじん切りにし、牛肉は塩・コショウをする。
3 熱したフライパンにごま油をひき、2を炒める。火が通ったらたけのこを加え、ざっくり混ぜ合わせる。
4 仕上げにオイスターソースをまわしかけてさっと絡め、わけぎをちらす。

🏠…ピーマンやキャベツでもおいしいです。

くるくる豚ロース巻き

短時間で火の通る豚の薄切り肉。
野菜を巻けば彩りもよく、
バランスのいい一品が手早く作れます。
お肉は、晩ごはんのメニューで
しょうが焼きやしゃぶしゃぶをする時に、
お弁当用に数枚残しておくと便利です。

Obento Point
「巻き終わり部分から焼く」

フライパンに並べる時は、巻き終わりを下にします。豚肉がはがれてこないように、はじめに焼きつけておきましょう。

B 手早く作れてボリュームのあるおかず

17 豚肉のサラダ巻き

◎材料（2人分）
豚薄切り肉（ロース）……4枚
サニーレタス……1枚

A
- マヨネーズ…… 大さじ1
- 白練りごま… 小さじ1/2
- 酢………… 小さじ1
- みりん……… 小さじ1
- 塩・コショウ…… 各少々

◎作り方
1. 豚肉はさっと茹でて、色が変わったら冷水にとる。
2. サニーレタスは適当な大きさに手でちぎる。
3. 1の水気をキッチンペーパーでしっかり拭き取る。それぞれに2をのせ、Aをスプーンで薄く塗って巻いていく。広がりそうならつまようじで留める。

18 豚巻きオニオンマスタード

◎材料（2人分）
豚薄切り肉（ロース）……4枚
玉ねぎ………… 1/4個
塩・コショウ…… 各少々
サラダ油……… 適量

A
- しょうゆ…… 小さじ1
- みりん……… 小さじ1
- 粒マスタード…… 少々

◎作り方
1. 玉ねぎは薄切りにする。
2. 豚肉に塩・コショウをする。それぞれに1をのせ、芯にして巻いていく。
3. 熱したフライパンにサラダ油をひき、2の巻き終わりを下にして並べる。焼き色がついたらやや弱火にし、転がしながらキツネ色になるまで焼く。
4. 仕上げにAをまわしかけ、水分をとばしながら照りをつける。

19 ししとうの豚味噌巻き

◎材料（2人分）
豚薄切り肉（ロース）
………… 4枚
ししとう………… 4本
サラダ油………… 適量

A ┤ 砂糖……… 小さじ1/2
　　味噌……… 小さじ1
　　みりん…… 小さじ1

◎作り方
1. ししとうは手でヘタをはずす。
2. 豚肉にAをスプーンで薄く塗る。それぞれに1をのせ、芯にして巻いていく。
3. 熱したフライパンにサラダ油をひき、2の巻き終わりを下にして並べる。焼き色がついたらやや弱火にし、転がしながらキツネ色になるまで焼く。

20 豚肉のしいたけチーズ

◎材料（2人分）
豚薄切り肉（ロース）
………… 4枚
しいたけ………… 2個
スライスチーズ………… 2枚
塩・コショウ……… 各少々
オリーブ油………… 適量

◎作り方
1. チーズは2等分に切る。しいたけは石づきを切り落とし、かさの部分に十文字の切り込みを入れ、手で4つにさく。…*
2. 豚肉に塩・コショウをする。それぞれにチーズとしいたけ2切れをのせ、芯にして巻いていく。…**
3. 熱したフライパンにオリーブ油をひき、2の巻き終わりを下にして並べる。焼き色がついたらやや弱火にし、転がしながらキツネ色になるまで焼く。

*…しいたけのかさに切り込みを入れると、軸ごと手で均等にさける。

**…しいたけのかさと軸を交互に並べると巻きやすい。

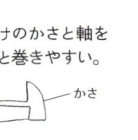

21 長いもと梅の豚ロール

◎材料（2人分）
豚薄切り肉（ロース）
………… 4枚
長いも………… 1.5cm
梅干し………… 1個
大葉………… 4枚
サラダ油………… 適量

◎作り方
1. ボウルに梅干しを入れ、フォークでつぶして種を取り除く。
2. 長いもは、豚肉の幅に合わせて切る。…*
3. 豚肉それぞれに、大葉、1、2をのせ、芯にして巻いていく。
4. 熱したフライパンにサラダ油をひき、3の巻き終わりを下にして並べる。焼き色がついたらやや弱火にし、転がしながらキツネ色になるまで焼く。

*…長いもはヌルヌルしているので、まずは輪切りにしてから皮をむき、それから長細く切ると扱いやすい。

ジューシー鶏肉おかず

やわらかくてクセがなく、
子どもも大好きな鶏肉のおかず。
手頃な価格で手に入りやすいので、
定番の唐揚げばかりではなく
ご飯のすすむメニューを
あれこれ作ってみてください。

Obento Point
「少ない油で手早く」
いつもはたっぷりの油で揚げる鶏肉メニューも、お弁当用に少量を手早く作るなら、揚げ焼きにするのがおすすめです。油はねが気になる場合は、蓋をしてください。

22 スパイスチキン

◎材料 (2人分)
鶏もも肉 ½枚 (100g)
しょうが ¼片
にんにく ¼片
しょうゆ 小さじ½
A ┌ カレー粉 少々
　├ 塩・コショウ 各少々
　└ オリーブ油 小さじ1

◎作り方
1 しょうがとにんにくはすりおろす。
2 鶏肉は小さめのひと口大に切り、1とAを絡める。
3 熱したフライパンに2の皮を下にして並べ、強火で動かさずに焼く。焼き色がついたらひっくり返し、中火にして中まで火を通す。
4 表面がカリッと焼きあがったら、しょうゆをまわしかけて香りをつける。

23 鶏とれんこんの炒り煮

◎材料 (2人分)
鶏もも肉 60g
れんこん 2cm (50g)
サラダ油 適量
七味唐辛子 適宜
A ┌ 砂糖 小さじ2
　├ しょうゆ 大さじ1
　└ みりん 大さじ1

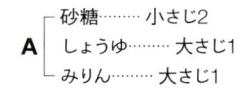

◎作り方
1 れんこんは皮をむき、2cm角に切る。水にさらしてアク抜きをして、水をきる。
2 鶏肉はひと口大に切る。
3 熱したフライパンにサラダ油をひき、2の皮を下にして並べ、強火で動かさずに焼く。焼き色がついたらひっくり返し、れんこんを加えて炒める。
4 れんこんが透き通ってきたら中火にし、Aを加えて混ぜながら2〜3分炒り煮にする。好みで七味をふる。

24 ピリ辛鶏

◎材料 (2人分)
- ささみ……… 1本 (80g)
- 片栗粉……… 適量
- 塩・コショウ…… 各少々
- サラダ油……… 適量
  (鶏肉が1/3浸かる程度)

A
- 砂糖……… 小さじ1
- 酢……… 小さじ1/2
- しょうゆ……… 小さじ1
- ケチャップ……… 小さじ1
- 豆板醤……… 少々
- ごま油……… 少々

◎作り方
1. ささみは筋を取ってひと口大に切り、塩・コショウをして片栗粉をまぶす。
2. ボウルに**A**を合わせておく。
3. フライパンにサラダ油を熱し、**1**を入れて中火にする。返しながら表面がカリッとなるまで揚げ焼きにする。
4. 熱々のうちに**2**に入れて、たれを絡める。

🏠…ケチャップと豆板醤などを合わせると、チリソース風の味わいになります。

25 手羽中のごま揚げ焼き

◎材料 (2人分)
- 手羽中……… 6本
- 片栗粉……… 適量
- 白ごま・黒ごま…… 各少々
- 塩・コショウ…… 各少々
- サラダ油……… 適量
  (手羽中が1/3浸かる程度)

A
- 砂糖……… 小さじ1/2
- しょうゆ……… 小さじ1
- みりん……… 小さじ1

◎作り方
1. 手羽中は塩・コショウをする。
2. 片栗粉を半量ほどの水 (分量外) で溶いて**1**をくぐらせ、ごまをまぶす。…＊
3. ボウルに**A**を合わせておく。
4. フライパンにサラダ油を熱し、**2**を入れて中火にする。返しながらキツネ色になるまで、じっくりと揚げ焼きにする。
5. 熱々のうちに**3**に入れ、たれを絡める。

＊…鶏肉に水溶き片栗粉をまぶしておくと、ごまが絡みやすい。

26 鶏のゆずコショウ焼き

◎材料 (2人分)
- 鶏もも肉……… 1/2枚 (100g)
- ゆずコショウ…… 小さじ1/2
- サラダ油……… 適量

◎作り方
1. 鶏もも肉はひと口大に切り、ゆずコショウを絡める。
2. 熱したフライパンにサラダ油をひいて強火にし、**1**の皮を下にして並べる。焼き色がついたらひっくり返し、中火にする。数回返しながら、表面がカリッとなるまで焼く。

魚介で
あれこれ

お弁当にふさわしい魚メニューは、
焼き鮭や塩さばだけではありません。
ぶりやホタテなども、
味をしっかりつければ大丈夫！
生臭さがやわらぎ、
冷めてもおいしいおかずになります。

Obento Point
「お弁当サイズで作る」
まずは食べやすい大きさにしてから作りはじめましょう。短い時間でも味がなじみ、切らずにそのままお弁当箱に詰められます。

27　ひと口ぶり照り

◎材料（2人分）
ぶり………… 1切れ
塩………… 少々
サラダ油………… 適量
A ┃ しょうゆ…… 大さじ½
　┃ みりん…… 大さじ½
　┃ ハチミツ…… 小さじ½

◎作り方
1　ぶりはひと口大に切り、軽く塩をふる。
2　熱したフライパンに薄くサラダ油をひき、ぶりを並べる。焼き色がついたらひっくり返し、弱火にする。蓋をして3分ほど蒸し焼きにする。
3　仕上げに、蓋をとってAを加え、強火にして絡める。

🏠…あじやさんまのおろしたものでもおいしいです。

28　さわらの簡単西京焼き

◎材料（2人分）
さわら………… 1切れ
塩………… 少々
木の芽………… 適宜
A ┃ 白味噌…… 大さじ1
　┃ 酒…… 小さじ2

◎作り方
1　アルミ箔は、さわらがのる大きさに切り、Aを塗る。…★
2　さわらはひと口大に切り、皮が上になるように1にのせ、軽く塩をする。上部を開けたまま魚焼きグリルに入れて、強火で焼く。
3　焼き色がついたらひっくり返し、弱火にして身側を焼く。焼き色がついたら再びひっくり返し、中火にして30秒ほど焼き、味噌がついた皮をパリッとさせる。
4　好みで木の芽を飾る。

★…魚に味噌を塗るとすぐに焦げるので、アルミ箔に塗っておく。

29 甘辛ホタテ

◎材料（2人分）
ホタテ（ボイル）……4個
七味唐辛子………適宜
A ┌ 砂糖………小さじ1
  │ しょうゆ……大さじ½
  └ みりん………大さじ½

◎作り方
1 小さめのフライパンに**A**を入れて、加熱する。
2 ふつふつと大きな泡が出てきたら、弱火にしてホタテを加え、たれを絡める。
3 好みで七味をふる。

🏠…たこ（ボイル）でもおいしいです。おつまみにもおすすめ！

30 鮭の味噌バター焼き

◎材料（2人分）
生鮭…………1切れ
バター………5g
塩・コショウ………各少々
A ┌ 味噌………大さじ½
  └ みりん……大さじ½

◎作り方
1 鮭はひと口大に切り、塩・コショウをする。
2 熱したフライパンにバターと**1**を入れ、焼き色がついたらひっくり返して弱火にする。蓋をして3分ほど蒸し焼きにする。
3 仕上げに、蓋をとって**A**を加え、強火にして絡める。

31 エビのオイル焼き

◎材料（2人分）
エビ（ブラックタイガー）
…………4尾
塩・コショウ………各少々
にんにくオイル……小さじ1
（P5参照）

◎作り方
1 エビは殻ごと背側をハサミで切り開き、背ワタを取り除いて塩・コショウをする。…＊
2 熱したフライパンににんにくオイルをひき、**1**の両面をさっと焼きつけて中火にする。蓋をして1分ほど蒸し焼きにする。

＊…エビの殻に切り込みを入れると熱の通りがよくなり、食べる時にもむきやすい。

🏠…エビは殻ごと加熱調理すると、時間が経っても身がバサバサになりません。

鮮やか卵おかず

どんな素材とも相性がよく、
出番の多いのが卵です。
熱の通りが早いので、
卵焼き器や小さめのフライパンを使うと
少量で作る場合にも失敗がありません。
油や調味料も最小限で作れますよ。

Obento Point
「フォークで手際よく」

卵を溶く時はフォークを使うと便利です。白身がよくほぐれ、黄身と手早く混ざります。

32 明太炒り卵

◎材料（2人分）
卵‥‥‥‥2個　　三つ葉‥‥‥‥4本
明太子‥‥‥¼腹　サラダ油‥‥‥適量

◎作り方
1　ボウルに明太子を入れ、ゴムベラでしごいて皮をはずす。…＊
2　三つ葉は細かく刻み、**1**に加える。
3　**2**に卵を割り入れて、溶きながらしっかり混ぜる。
4　熱したフライパンにサラダ油をひき、**3**を一気に流し込む。菜箸で大きくかき混ぜ、ふんわりかたまってきたら火を止める。

＊…明太子の皮は、ゴムベラを使うと簡単にはずせる。

33 春菊の卵とじ

◎材料（2人分）
卵‥‥‥‥2個　　しょうゆ‥‥‥小さじ1
春菊‥‥‥2株　　ごま油‥‥‥‥適量
かつおぶし…1パック（3g）

◎作り方
1　春菊は手で葉をちぎる。卵は塩少々（分量外）を加えて溶く。
2　熱したフライパンにごま油をひき、春菊を炒める。しんなりしたら卵を一気に流し込み、素早くかつおぶしをふりかけて、菜箸でざっくりかき混ぜる。
3　仕上げにしょうゆをまわしかけ、さっと混ぜ合わせる。

🏠…青菜を混ぜ込んだ卵料理は、時間が経つと茶色っぽくなってきます。味は変わりませんが、色が気になる場合は、青菜をさっと茹でてから混ぜるか、切ってから冷水にしばらくさらし、アク抜きをしてから混ぜてください。

34 カラフルオムレツ

◎材料 (2人分)
- 卵……2個
- 赤パプリカ……1/4個
- 玉ねぎ……1/8個
- サラダ油……適量
- パセリ……適量
- バター……5g
- 塩・コショウ……各少々

◎作り方
1. ボウルに卵1個を割り入れてしっかり溶く。
2. パプリカ、玉ねぎ、パセリはみじん切りにする。
3. 熱したフライパンにバターを入れ、2を炒める。しんなりしたら塩・コショウをして、器に移す。
4. 1に3の半量を混ぜ合わせる。3のフライパンを熱して油をひき、一気に流し込んだら中火にする。菜箸で大きくかき混ぜながら手前に寄せてまとめる。弱火にして数回ひっくり返し、形をととのえる。
5. 同様にもうひとつ作る。

35 にら玉キムチ

◎材料 (2人分)
- 卵……2個
- にら……1株
- 白菜キムチ (葉の部分)……適量
- 塩……少々
- ごま油……少々

◎作り方
1. にらは長さ3cmに切る。
2. ボウルに卵を割り入れてしっかり溶き、1と塩を加えてざっくり混ぜる。
3. 熱したフライパンにごま油をひき、2を一気に入れて菜箸でまんべんなく広げたら弱火にする。
4. 3のやや手前にキムチをのせ、二つ折りにする。

🏠…おつまみにもなりますよ。

36 ねぎ入りだし巻き

◎材料 (2人分)
- 卵……2個
- 九条ねぎ (青ねぎ)……10cm
- サラダ油……適量
- A
  - 昆布だし (P5参照)……大さじ1
  - しょうゆ……小さじ1/3
  - 塩……少々

◎作り方
1. ボウルに卵を割り入れ、Aと小口切りにしたねぎを加えてしっかり混ぜ合わせる。
2. 卵焼き器を中火で熱し、油をひいて1の1/3量を流し込む。菜箸でざっくりかき混ぜて、手前に寄せる。弱火にしてかたまりを奥に移動させ、空いているところに油をひく。残りの卵液の半量を流し込み、そのまま手前に巻いていく。残りも同様に巻いていく。…*
3. 粗熱がとれたら切り分ける。

*…かたまりをそっと持ち上げて、下に卵液を流し込む。

🏠…熱いうちキッチンペーパーで包むと、形がととのいます。

残り野菜で揚げ焼き

忙しい朝に天ぷらは大変ですが、
野菜が浸かる程度の油で作る
揚げ焼きなら手軽にできます。
ほんの少しの残り野菜も
ご飯に合う立派な一品になりますよ。

Obento Point
「小さな道具で!」
お弁当サイズの小さな揚げ焼きは、衣づけも油に落とすのもフォークを使うと手際よく作れます。油の量は野菜のかたまりが浸るくらいで充分なので、小さなフライパンを使うと無駄がありません。

🏠…残った溶き卵は、卵焼きに加えたり、電子レンジでそぼろ(P74参照)にしたり、上手に使い切りましょう。

37 さつまいもと三つ葉の揚げ焼き

◎材料 (2人分)
- さつまいも………3cm
- 三つ葉………5～6本
- 塩………少々
- サラダ油………適量
  (野菜が浸かる程度)
- A ┌ 小麦粉………大さじ1
　　└ 溶き卵………1/2個分

◎作り方
1. さつまいもは皮ごとせん切りにして水にさらし、アク抜きをする。
2. 三つ葉は長さ2～3cmに切る。
3. ボウルにAを合わせ、1、2、塩を加えてざっくり絡める。
4. フライパンにサラダ油を熱し、3のひと口大分をフォークですくって入れる。かたまったらひっくり返し、中火でキツネ色になるまで揚げ焼きにする。

🏠…さつまいもの代わりに、じゃがいもでもおいしく作れます。

38 ピーマンとひじきの揚げ焼き

◎材料 (2人分)
- ピーマン………1個
- ひじき (乾燥)………小さじ1
- しょうゆ………小さじ1/2
- サラダ油………適量
  (野菜が浸かるくらい)
- A ┌ 小麦粉………大さじ1
　　└ 溶き卵………1/2個分

◎作り方
1. ピーマンは種を取り除き、横にせん切りにする。
2. ひじきは水で戻し、やわらかくなったら水気をしっかりきって、しょうゆをまぶす。…*
3. ボウルにAを合わせ、1と2を加えてざっくり絡める。
4. フライパンにサラダ油を熱し、3のひと口大分をフォークですくって入れる。かたまったらひっくり返し、中火でキツネ色になるまで揚げ焼きにする。

★…しょうゆを加えると、ひじき独特の臭いがやわらぐ。

39 玉ねぎとにんじんのミニかき揚げ

◎材料 (2人分)
- 玉ねぎ………1/4個
- にんじん………2cm
- 塩・コショウ………各少々
- サラダ油………適量
  (野菜が浸かる程度)
- A ┌ 小麦粉………大さじ1
　　└ 溶き卵………1/2個分

◎作り方
1. 玉ねぎは薄切りにする。にんじんはせん切りにして軽く塩・コショウをする。
2. ボウルにAを合わせ、1を加えてざっくり絡める。
3. フライパンにサラダ油を熱し、2のひと口大分をフォークですくって入れる。かたまったらひっくり返し、中火でキツネ色になるまで揚げ焼きにする。

40 ゴーヤのおかか揚げ

◎材料 (2人分)
- ゴーヤ………3cm
- かつおぶし………適量
- 塩………少々
- サラダ油………適量
  (野菜が浸かる程度)
- A ┌ 小麦粉………大さじ1
　　└ 溶き卵………1/2個分

◎作り方
1. ゴーヤは縦半分に切り、種をスプーンで取り除いて薄切りにする。
2. ボウルにAを合わせ、1、かつおぶし、塩を加えてざっくり絡める。
3. フライパンにサラダ油を熱し、2のひと口大分をフォークですくって入れる。かたまったらひっくり返し、中火でキツネ色になるまで揚げ焼きにする。

🏠…ごぼうやいんげん豆、アスパラガスでもおいしいです。

ポテトサラダ
いろいろ

ボリュームを出したい時に
ぴったりのポテトサラダ。
旬の野菜を混ぜ込めば、
季節感のある一品になります。
あっさり仕上げたい時は、
マヨネーズの代わりに
オリーブ油を使ってみてください。

Obento Point
「マヨネーズは冷めてから」
じゃがいもが熱いままでマヨネーズを絡めると、酸味がとんでしまいます。粗熱がとれてから混ぜるようにしましょう。

B 手早く作れてボリュームのあるおかず

41　ツナと貝割れのポテトサラダ

◎材料 (2人分)
じゃがいも……………1個
ツナ缶…………1/3缶
貝割れ大根…………1/4パック
A ┌ マヨネーズ………大さじ1
　├ 塩・コショウ………各少々
　└ オリーブ油………小さじ1/2

◎作り方
1　じゃがいもは皮ごと8つに切る。耐熱皿に入れ、ラップをして電子レンジで加熱（700Wで約2分）する。フォークなどで、つぶしながら皮を取り除く。…＊
2　貝割れは根を切り落として半分に切り、ツナは汁気をきる。
3　1の粗熱がとれたらAを加え、2を混ぜ込む。

＊…じゃがいもをつぶしていくうちに、皮は自然にはがれる。

43　きゅうりコーンポテト

◎材料 (2人分)
じゃがいも……………1個
きゅうり…………1/2本
コーン缶（粒）………大さじ2
A ┌ マヨネーズ………大さじ1
　├ 酢………小さじ1/2
　└ 塩・コショウ………各少々

◎作り方
1　じゃがいもは皮をむいてさいの目に切り、水に塩（分量外）を入れて茹でる。
2　きゅうりは薄く輪切りにして軽く塩（分量外）をふり、しんなりしたら手でしっかりしぼる。
3　コーンは汁気をきる。
4　1の湯をきり、粗熱がとれたらAを加え、2と3を混ぜ合わせる。

42　たらもサラダ

◎材料 (2人分)
じゃがいも……………1個
明太子…………1/4腹
パセリ…………少々
マヨネーズ…………大さじ1
塩・コショウ………各少々

◎作り方
1　じゃがいもは皮ごと8つに切る。耐熱皿に入れ、ラップをして電子レンジで加熱（700Wで約2分）する。フォークなどで、つぶしながら皮を取り除く（上記参照）。
2　パセリはみじん切りにする。明太子はゴムベラで皮をはずす。…＊
3　1の粗熱がとれたら、2、マヨネーズ、塩・コショウを混ぜ込む。

＊…明太子の皮はゴムベラを使うと手早くはずせる（P42参照）。

44　ハムとえんどう豆のポテトサラダ

◎材料 (2人分)
じゃがいも……………1個
ロースハム…………2枚
えんどう豆…………大さじ2
A ┌ マヨネーズ………大さじ1
　├ 粒マスタード………小さじ1/2
　└ 塩・コショウ………各少々

◎作り方
1　じゃがいもは皮をむいてさいの目に切る。水に塩（分量外）を入れ、えんどう豆といっしょに5分ほど茹でる。
2　ハムは1cm角に切る。
3　1の湯をきり、じゃがいもを粉ふきにする。粗熱がとれたらAを加え、2を混ぜ合わせる。

🏠…えんどう豆の代わりに、アスパラガスやブロッコリーを混ぜてもおいしいです。

じゃがいも七変化

切ったり、つぶしたり、丸めたり、見た目でも変化をつけられるのがじゃがいものいいところ。他の素材とも合わせやすく、メインにも副菜にもなります。ここでは、サラダ（P46～47）以外の手軽なおかずを紹介します。

Obento Point
「皮むきはレンジを使って」
じゃがいもを皮ごと適当な大きさに切り、電子レンジで加熱すると、指で簡単に皮がむけます。マッシュポテトにする場合は、つぶしていくうちに自然とはがれます（P47参照）。

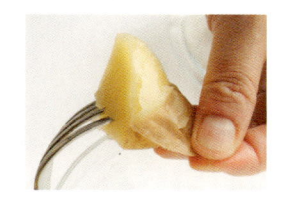

45 ポテトカップグラタン

◎材料（2人分）
じゃがいも ………… 1/2個（80g）
ベーコン（ハーフ） ………… 1枚
玉ねぎ ………… 1/6個
スライスチーズ（ピザ用） ………… 1/2枚
パン粉 ………… 適量
牛乳 ………… 大さじ1/2
塩・コショウ ………… 各少々

◎作り方
1 玉ねぎとベーコンはみじん切りにする。
2 じゃがいもは4つに切って皮をむく。1といっしょに耐熱皿に入れ、ラップをして電子レンジで加熱（700Wで約2分）する。じゃがいもがやわらかくなったら牛乳と塩・コショウを加え、フォークで粗くつぶす。
3 2をアルミカップ2個に入れ、チーズをちぎってのせてパン粉をふる。オーブントースターで3～4分、表面をこんがり焼く。

46 枝豆チーズポテト

◎材料（2人分）
じゃがいも ………… 1個
枝豆（茹でたもの） ………… 1/4カップ（約30粒）
プロセスチーズ ………… 30g
塩・コショウ ………… 各少々
オリーブ油 ………… 小さじ1/2

◎作り方
1 じゃがいもは皮ごと8つに切って耐熱皿に入れ、ラップをして電子レンジで加熱（700Wで約3分）する。粗熱がとれたら皮をむき、塩・コショウとオリーブ油を加えてフォークでつぶす。
2 チーズはさいの目に切る。枝豆はさやから取り出す。
3 1と2を混ぜ合わせる。

🏠…炒めた角切りベーコンなどを混ぜ込むと、メインのおかずにもなります。

47 カレーフライドポテト

◎材料（2人分）
じゃがいも………… 1個　　塩・コショウ…… 各少々
カレー粉………… 少々　　サラダ油………… 大さじ1

◎作り方
1 じゃがいもはくし形に切って皮をむき、水にくぐらせる。耐熱皿に入れ、ラップをして電子レンジで加熱（700Wで約2分）する。
2 **1**の粗熱がとれたら、水気をキッチンペーパーで拭き取り、サラダ油をまぶす。…＊
3 熱したフライパンに**2**を入れ、強火で焼き色をつける。表面がカリッとしてきたら弱火にして、カレー粉と塩・コショウを加え、味をととのえる。

＊…炒める前に油をまぶしておくと、少ない量でも全体に絡む。

48 じゃがひじきバター

◎材料
じゃがいも………… 1/2個　　バター………… 5g
ひじき（乾燥）　　　　しょうゆ……… 小さじ1/2
………… 小さじ1　　塩・コショウ…… 各少々

◎作り方
1 じゃがいもはせん切りにして水にさらし、しっかりと水をきる。
2 ひじきは水で戻し、しっかりとしぼる。
3 熱したフライパンに**1**、**2**、バターを入れて2〜3分炒め、塩・コショウをする。
4 仕上げに、しょうゆをまわしかけて香りをつける。

49 おじゃがのおやき

◎材料（2人分）
じゃがいも………… 1個　　かつおぶし……… 少々
九条ねぎ（青ねぎ）… 1/2本　しょうゆ……… 小さじ1
小麦粉………… 大さじ1　　ごま油………… 適量
溶き卵………… 1/4個分

◎作り方
1 じゃがいもは皮ごと8つに切って耐熱皿に入れ、ラップをして電子レンジで加熱（700Wで約3分）する。やわらかくなったら、皮をむいてなめらかになるまでつぶし、小麦粉を加えて混ぜ合わせる。粗熱がとれたら溶き卵を加え、手でしっかりこねて4等分にする。…＊
2 ねぎは小口切りにする。しょうゆとかつおぶしを混ぜ合わせて4等分にし、それぞれ**1**で包む。
3 熱したフライパンにごま油をひいて**2**を並べ、両面に焼き色をつけたら弱火にする。蓋をして、3〜4分ほど蒸し焼きにする。

＊…じゃがいもの水分が多くて丸めにくい場合は、小麦粉を足して調節する。

🏠…高菜やザーサイ、塩昆布を包んでもおいしいです。

ご飯がすすむ
甘辛味

子どもも喜んで食べる
甘辛味の野菜メニューは、
ご飯がおいしくいただける
お弁当向きのおかずです。
山椒や七味をひとふりすれば、
大人好みの味わいになりますよ。

Obento Point
「調味料の目安は1:1:1」
砂糖、しょうゆ、みりんを1:1:1で調合すると甘辛味になります。この割合をベースに、素材の甘みや水分などを考慮して、それぞれのメニューに適した味つけにしましょう。

50 れんことこんにゃくのきんぴら

◎材料 (2人分)
- れんこん……2cm
- こんにゃく (きんぴら用)……40g
- サラダ油……適量
- 白ごま……少々
- 一味唐辛子……適宜
- A
  - 砂糖……小さじ2
  - しょうゆ……大さじ1
  - みりん……大さじ1/2

◎作り方
1. れんこんはイチョウ切りにする。さっと水にくぐらせてアク抜きをしたらザルにあげる。
2. こんにゃくは適当な長さに切る。
3. 熱したフライパンにサラダ油をひき、1と2を中火で炒める。
4. れんこんがしんなりしたら、Aを加えて強火にし、水分をとばしながら絡める。
5. 仕上げにごまをまぶし、好みで一味をふる。

🏠…アク抜きされていないこんにゃくを使う場合は、さっと茹でてください。

51 きのこの佃煮

◎材料 (2人分)
- えのき……1/4パック (50g)
- しめじ……1/4パック (30g)
- サラダ油……適量
- A
  - 砂糖……小さじ1と1/2
  - しょうゆ……小さじ2
  - みりん……小さじ2

◎作り方
1. えのきとしめじは石づきを切り落とし、手でほぐす。
2. 熱したフライパンにサラダ油をひいて1を炒める。しんなりしたらAを加え、手早く混ぜながら水分をとばす。

52 揚げ焼きかぼちゃ

◎材料 (2人分)
- かぼちゃ……100g
- かつおぶし……適量
- サラダ油……適量 (かぼちゃが1/3浸かる程度)
- A
  - 砂糖……小さじ1
  - しょうゆ……大さじ1/2
  - みりん……大さじ1/2

◎作り方
1. かぼちゃはひと口大に切り、ラップをして電子レンジで加熱 (700Wで約2分) してやわらかくする。粗熱がとれたら、水気をキッチンペーパーで拭き取る。
2. ボウルにAを合わせておく。
3. フライパンにサラダ油を熱し、1を入れて中火にする。返しながら表面がカリッとなるまで揚げ焼きにする。
4. 熱いうちに2に入れて絡め、仕上げにかつおぶしを和える。

53 なすの甘辛炊き

◎材料 (2人分)
- なす……1本
- 煮干し……5〜6本
- しょうが……1/3片
- サラダ油……適量
- A
  - 砂糖……大さじ1/2
  - しょうゆ……大さじ1/2
  - みりん……大さじ1
  - 水……大さじ2

◎作り方
1. しょうがはみじん切りにする。なすはヘタを切り落として縦半分に切る。皮にナナメに切り込みを入れ、ひと口大に切る。…*
2. フライパンに1を入れ、サラダ油をまぶしてから加熱する。さっと炒めて弱火にし、Aと煮干しを加え、蓋をして2分ほど加熱する。…**
3. 仕上げに、全体をやさしく混ぜ合わせる。

*…なすの皮に切り込みを入れてから、ひと口大に切る。
**…なすは加熱すると油を一気に吸うので、加熱前にまんべんなくまぶしておく。

🏠…煮干しを加えると旨みが出ますが、大きいものは苦味が強いので、頭とはらわたを取り除いてから加えてください。煮干しの代わりに、かつおぶしやおじゃこでもおいしく作れます。

さっぱり
甘酢仕立て

お弁当のおかずというと、
どうしても濃い味に偏りがち。
酢の物など、ほんのひと口でも
さっぱりしたメニューが加わると、
他のおかずの味わいも引き立ち
最後まで飽きずにいただけます。

Obento Point
「水気をしっかりきる」

野菜の水気をしっかりきってから、甘酢液にひたすようにしましょう。5分ほどで、味は充分しみ込みます。

C 味わいに変化をつける野菜のおかず

54 オクラとわかめの酢のもの

◎材料（2人分）
オクラ............ 5本
わかめ（乾燥）...... 小さじ1
A ┌ 砂糖........ 大さじ1
  │ 塩.......... 小さじ1/4
  │ 酢.......... 大さじ1
  └ しょうゆ...... 小さじ1/2

◎作り方
1 ボウルにAを合わせる。
2 わかめは水で戻す。
3 オクラはさっと茹でる。熱いうちにヘタを切り落とし、ナナメ半分に切って1に入れる。
4 2をしぼって3に加え、5分ほどひたしておく。

56 きゅうりと大葉のさっぱり和え

◎材料（2人分）
きゅうり............ 1本
大葉................ 2枚
しょうが............ 1/2片
塩.................. 少々
A ┌ 砂糖........ 大さじ1
  │ 酢.......... 大さじ1
  └ しょうゆ...... 小さじ1

◎作り方
1 ボウルにAを合わせる。
2 きゅうりはピーラーで縦縞に皮をむき、輪切りにする。水にさっとくぐらせてアク抜きをし、軽く塩をふる。
3 大葉は手で細かくちぎり、水にさらしてアク抜きをする。
4 しょうがはせん切りにする。
5 2と3をしぼって水気をきり、4とともに1に入れ、5分ほどひたしておく。

55 キャベツとレーズンのピクルス風

◎材料（2人分）
キャベツ............ 2～3枚
レーズン............ 大さじ1
A ┌ 砂糖........ 小さじ2
  │ 塩.......... 小さじ1/3
  │ 酢.......... 大さじ1
  └ コショウ...... 少々

◎作り方
1 ボウルにAを合わせる。
2 レーズンはぬるま湯で戻す。…*
3 キャベツは手でちぎり、塩（分量外）をまぶして軽くもむ。しんなりしたら水気をしっかりしぼり、1に入れる。
4 2を軽くしぼって3に加え、5分ほどひたしておく。

*…ぬるま湯でレーズンをもどすと、表面の油分も取り除ける。

57 カリフラワーとにんじんの甘酢

◎材料（2人分）
カリフラワー........ 30g
にんじん............ 3cm
A ┌ 砂糖（上白糖）
  │   大さじ1
  │ 塩.......... 小さじ1
  │ 酢.......... 大さじ1
  └ 昆布........ 3cm

◎作り方
1 ボウルにAを合わせる。
2 カリフラワーは小房に分け、湯に塩（分量外）を加えて1分ほど茹でる。
3 にんじんはせん切りにする。水にさらしてアク抜きをする。
4 2と3の水気をきって1に入れ、5分ほどひたしておく。

🏠…きび砂糖でも作れますが、上白糖を使うと色がきれいに仕上がります。

レンジでおだし味

いつもはお鍋で炊く野菜の煮物。晩ごはんにたっぷり作り取り分けておくのも案ですが、お弁当のためだけにちょこっと作るという時には、電子レンジが活躍します。

Obento Point
「密閉して効率よく」
密閉するようにラップを素材にかぶせて加熱すると、少量のだしで、しかも短時間で作れます。加熱後もラップをしたまましばらく置いて、余熱で味をしみ込ませてください。

🏠 …だしは昆布とけずりぶしでとりますが、2カップくらいが作りやすい量です。残りのだし汁は味噌汁やめんつゆなど、お家のごはんメニューに活用してください（作り方はP5参照）。

58 にんじんとしめじのだし風味

◎材料（2人分）
にんじん……… 3cm
しめじ
　……… 1/3パック（30g）
A
- だし汁…… 大さじ2
- 砂糖……… 小さじ2
- しょうゆ…… 大さじ1
- みりん…… 大さじ1

◎作り方
1. にんじんは皮をむき、半月形の薄切りにする。
2. 耐熱ボウルに**1**を入れ、ラップをして電子レンジで加熱（700Wで約30秒）する。
3. しめじは石づきを切り落とし、小房に分ける。
4. **2**の耐熱ボウルに、**3**と**A**を加える。ラップを密着させるようにかぶせ、電子レンジで加熱（700Wで約1分）する。
5. 電子レンジから取り出し、しばらく置いて味を含ませる。

59 水菜とお揚げの煮びたし

◎材料（2人分）
水菜……… 30g
油揚げ…… 3×10cm
A
- だし汁…… 大さじ1
- 塩……… 少々
- しょうゆ…… 大さじ1/2
- みりん…… 大さじ1/2

◎作り方
1. 水菜は長さ3cmに切る。
2. 油揚げは熱湯にさっとくぐらせて油抜きをし、細切りにする。
3. 耐熱ボウルに**A**、**1**、**2**を入れる。ラップを密着させるようにしてかぶせ、電子レンジで加熱（700Wで約1分）する。ラップをはずしてざっくり混ぜたら、再びラップをして加熱（700Wで約1分）する。…＊
4. 電子レンジから取り出し、しばらく置いて味を含ませる。

＊…途中で混ぜておくと、素材にまんべんなく味がしみ込む。

60 絹さやとひろうすの炊いたん

◎材料 (2人分)
- 絹さや……4本
- ひろうす (がんもどき)……2個
- A
  - だし汁……1/4カップ
  - 砂糖……大さじ1
  - 塩……少々
  - しょうゆ……大さじ1
  - みりん……大さじ1

◎作り方
1. 絹さやは筋を取り除いてラップに包み、電子レンジで加熱 (700Wで約30秒) する。
2. ひろうすは半分に切る。
3. 耐熱ボウルにAを入れ、2の断面を下にして並べる。ラップを密着させるようにかぶせ、電子レンジで加熱 (700Wで約1分) する。ラップをはずしてひろうすの上下をひっくり返し、再びラップをして加熱 (700Wで約30秒) する。
4. 3のラップをはずして1を加える。ラップを戻し、しばらく置いて味を含ませる。

🏠…絹さやの代わりに、いんげん豆でもおいしいです。

61 小いもの桜エビ煮

◎材料 (2人分)
- 小いも (里いも)……2個
- 桜エビ……大さじ2
- A
  - だし汁……大さじ2
  - 砂糖……小さじ2
  - 塩……少々
  - しょうゆ……大さじ1
  - みりん……大さじ1

◎作り方
1. 小いもは泥をきれいに洗い落とし、皮ごと半分に切る。
2. 耐熱ボウルに断面を下にして並べ、ラップをして電子レンジで加熱 (700Wで約1分30秒) する。粗熱がとれたら皮をむく。…＊
3. 耐熱ボウルに2、桜エビ、Aを入れる。ラップを密着させるようにかぶせ、電子レンジで加熱 (700Wで約3分) する。
4. 電子レンジから取り出し、しばらく置いて味を含ませる。

＊…小いもの皮は、加熱すると手でむきやすくなる。

62 たけのことししとうの炊いたん

◎材料 (2人分)
- たけのこ (水煮)……50g
- ししとう……4本
- A
  - だし汁……1/4カップ
  - 塩……少々
  - しょうゆ……大さじ1
  - みりん……大さじ1

◎作り方
1. たけのこは穂先を縦に4等分に切り、残りはイチョウ切りにする。
2. 耐熱ボウルにA、1、ししとうを入れる。ラップを密着させるようにかぶせ、電子レンジで加熱 (700Wで約1分) する。
3. 電子レンジから取り出し、しばらく置いて味を含ませる。

🏠…小松菜や白菜でもおいしいです。

コクと香りの
ごま風味

和え物に活躍するのがごま。
ほんの少し加えるだけで風味が豊かになり、
味わいもグンとまろやかになります。
しょうゆやマヨネーズと組み合わせて、
ご飯のおともになるごま和えを
旬の野菜で作ってみましょう。

Obento Point
「練りごまはよく混ぜて」

練りごまは分離するので、よくかき混ぜてから使いましょう。使い切れない場合には、お味噌汁に入れたり（味噌汁2人分に小さじ1程度）、ハチミツといっしょにトーストに塗るのもおすすめです。

63 しめじの白ごま和え

◎材料（2人分）
しめじ……………1/2パック（50g）
白ごま……………小さじ1
A ┌ しょうゆ……… 小さじ1
　└ ごま油………… 少々

◎作り方
1　しめじは石づきを切り落とし、小房に分ける。耐熱ボウルに入れ、ラップをして電子レンジで加熱（700Wで約1分）し、くたっとさせる。
2　1の熱いうちにAと白ごまを加えて、和える。

64 マヨごまアスパラ

◎材料（2人分）
アスパラガス……… 2本
A ┌ 白練りごま……… 小さじ1/2
　│ 砂糖……… 少々
　│ しょうゆ……… 小さじ1
　└ マヨネーズ…… 小さじ1

◎作り方
1　アスパラガスは湯に塩（分量外）を加え、1～2分茹でる。粗熱がとれたら、根元からかたい皮をむく。…＊
2　1を長さ3～4cmのナナメ切りにし、Aと和える。

＊…アスパラガスの皮は、茹でるとむきやすくなる。

🏠…いんげん豆やブロッコリーでもおいしいです。

65 たたきごぼう

◎材料 (2人分)
- ごぼう……… 15cm
- 白ごま……… 少々
- A
  - 白練りごま……… 小さじ½
  - 砂糖……… 小さじ½
  - しょうゆ……… 大さじ½
  - みりん……… 小さじ1

◎作り方
1. ボウルにAを合わせる。
2. ごぼうは土を洗い流して長さ3cmに切り、包丁の腹などでざっくり押しつぶす。水にさらして、アク抜きをしたら、2～3分茹でてザルにあげる。…＊
3. 2の水気を切り、熱いうちに1に入れて絡め、仕上げにごまをふる。

＊…ごぼうを押しつぶして繊維を壊し、味をしみ込みやすくする。すりこぎで叩いてもよい。

66 ピリ辛ほうれん草

◎材料 (2人分)
- ほうれん草……… 2株
- A
  - 白ごま……… 少々
  - しょうゆ……… 大さじ½
  - みりん……… 小さじ½
  - ラー油……… 少々

◎作り方
1. ほうれん草はさっと茹でて、水にさらし、えぐみをやわらげる。根を切り落とし、長さ3cmに切る。
2. 1をしっかりしぼり、Aと和える。

🏠…小松菜でもおいしいです。ラー油の代わりにごま油でも作れます。

67 なすのごましょうゆ

◎材料 (2人分)
- なす……… 1本
- A
  - 黒練りごま……… 小さじ½
  - 砂糖……… 小さじ1
  - しょうゆ……… 大さじ½
  - みりん……… 小さじ1

◎作り方
1. なすはヘタを切り落とし、縦半分に切る。半月形に薄切りにして、さっと熱湯にくぐらせてアク抜きをする。…＊
2. 1の粗熱がとれたら、手でしっかり水気をしぼり、Aと和える。

＊…なすは幅5mmくらいの薄さに切る。

茹で&和え
ペンネ

イタリアンでおなじみのペンネ。
乾麺なので日持ちもよく、
少しだけボリュームが足りない、
という時にも役立ちます。
いろいろなバリエーションが作れるので、
ほかのおかずとのバランスをみながら
味つけを決めましょう。

Obento Point
「やわらかめに茹でる」
ペンネは冷めると少しかたくなるので、お弁当用にはやわらかめに茹で上げてください。

D 便利素材で作るスキマおかず

68 ペンネのチーズパセリ和え

◎材料 (2人分)
ペンネ………… 15g
粉チーズ…… 小さじ1/3
パセリ………… 適量
塩・コショウ…… 各少々
オリーブ油……… 適量

◎作り方
1 パセリはみじん切りにする。
2 ペンネは、湯に塩 (分量外) を加えて茹で、ザルにあげて水気をきる。熱いうちに塩・コショウをして、**1**、オリーブ油、粉チーズを絡める。

70 ハムとセロリのペンネ

◎材料 (2人分)
ペンネ………… 15g
ロースハム………… 2枚
セロリ………… 5cm
マヨネーズ…… 大さじ1
塩・コショウ……… 各少々

◎作り方
1 ペンネは、湯に塩 (分量外) を加えて茹で、ザルにあげて水気をきる。
2 ハムは細切りにする。セロリは薄切りにして軽く塩 (分量外) をふる。
3 **1**、**2**をマヨネーズで和え、塩・コショウで味をととのえる。

69 たらマヨペンネ

◎材料 (2人分)
ペンネ………… 15g
たらこ………… 20g
A ┌ マヨネーズ…… 大さじ1
  │ 酢…… 小さじ1/2
  └ 塩・コショウ…… 各少々

◎作り方
1 たらこをボウルに入れ、ゴムベラで皮をはずす (P42参照)。
2 **1**に**A**を混ぜ合わせる。
3 ペンネは、湯に塩 (分量外) を加えて茹で、ザルにあげて水気をきる。**2**に加えて混ぜ合わせる。

71 ベーコンケチャップペンネ

◎材料 (2人分)
ペンネ………… 15g
ベーコン (ハーフ)……… 1枚
バジル………… 2枚
ケチャップ………… 大さじ1
オリーブ油………… 小さじ1
塩・コショウ………… 各少々

◎作り方
1 ペンネは、湯に塩 (分量外) を加えて茹で、ザルにあげて水気をきる。熱いうちにケチャップとオリーブ油を絡める。
2 バジルは粗く刻む。
3 ベーコンは細切りにする。熱したフライパンにオリーブ油 (分量外) をひいて炒め、塩・コショウをする。
4 **1**、**2**、**3**を和える。

コロコロ
ちくわ詰め

おでんやおつまみで
なじみのあるちくわは、
そのままでパクっと食べやすく
お弁当のおかずにもぴったり。
野菜やチーズを詰めるだけでなく、
さらにもうひと味加えると、
よりおいしくいただけます。

Obento Point
「加熱メニューにも活躍」
ちくわは、衣をつけて揚げ焼きにしたり、野菜と煮びたしにしたり、加熱してもいろいろなお弁当メニューが作れます。

72 貝割れ梅ちくわ

◎材料 (2人分)
ちくわ……… 1本
貝割れ大根……… 適量
梅干し……… 少々
ごま油……… 少々

◎作り方
1 貝割れ大根は根を切り落とす。
2 梅干しは種を取り除き、手で細かくちぎる。
3 1を束ねたものに2を絡め、ごま油をたらす。ちくわの穴に詰めて、ひと口サイズに切り分ける。…★

★…ゆっくりまわしながら、貝割れ大根の根を押し込んでいく。

74 チーズちくわのわさび風味

◎材料 (2人分)
ちくわ……… 1本
プロセスチーズ……… 適量
わさび (練り) ……… 少々

◎作り方
1 チーズは、ちくわの穴に合わせて切る。
2 ちくわの穴に1を詰め、ひと口サイズに切り分けたあと、わさびを塗る。

73 ちくわの味噌きゅうり

◎材料 (2人分)
ちくわ……… 1本
きゅうり……… 適量
A ┌ 味噌……… 小さじ½
　├ 砂糖……… 小さじ½
　└ みりん……… 小さじ½

◎作り方
1 きゅうりはちくわの穴に合わせて細切りにする。
2 Aを小さな耐熱ボウルに入れ、ラップをせずに電子レンジで加熱 (700Wで約10秒) する。…★
3 ちくわの穴にきゅうりを詰め、ひと口サイズに切り分けたら2を塗る。

★…加熱して砂糖を溶かし、ほかの調味料となじませる。

75 にんじんとちくわの大葉巻き

◎材料 (2人分)
ちくわ……… 1本
にんじん……… 適量
大葉……… 2枚

◎作り方
1 にんじんはちくわの穴に合わせて切り、ラップに包んで電子レンジで加熱 (700Wで約30秒) する。
2 大葉は縦半分に切る。
3 ちくわの穴に1を詰め、ひと口サイズに切り分けて、2の大葉を巻く。

アレンジ
ウインナー

子どもの大好きなウインナー。
手軽に使えますが、
なるべく添加物が少ないものを
選ぶようにしたいですね。
さっと焼けば一品になりますが、
家にある調味料を合わせるだけで
簡単にアレンジもできます。

Obento Point
「冷凍保存で便利使いを」
袋ごと冷凍しても、1本ずつ取り出せます。小さく刻んで卵や野菜と炒めるなど、ほんの少し使いたいという時にも便利です。

76 ウインナーのお好み風

◎材料 (2人分)
ウインナー............ 4本
とんかつソース...... 小さじ1
青のり............ 適量
サラダ油............ 適量

◎作り方
1 ウインナーは縦に一本切れ目を入れる。
2 熱したフライパンにサラダ油をひき、1を炒める。
3 焼き色がついたら皿にとり、切れ目にソースを流し込み、青のりをふる。

78 チーズペッパーウインナー

◎材料 (2人分)
ウインナー............ 4本
粉チーズ............ 適量
粒コショウ............ 少々
サラダ油............ 適量

◎作り方
1 ウインナーは表面に格子状に切り込みを入れる。
2 粒コショウは包丁の腹などで押しつぶす。
3 熱したフライパンにサラダ油をひき、1を炒める。切れ目が開いてきたら、2を加えてさっと炒め、仕上げに粉チーズをまぶす。

77 オニオンカレーウインナー

◎材料 (2人分)
ウインナー............ 2本
玉ねぎ............ 1/4個
塩・コショウ............ 各少々
サラダ油............ 適量
A [カレー粉............ 少々
  ケチャップ............ 大さじ1/2]

◎作り方
1 ウインナーはナナメ薄切りにする。
2 玉ねぎは薄切りにする。
3 熱したフライパンにサラダ油をひき、1と2を炒めて塩・コショウをする。玉ねぎがしんなりしたらAを加え、軽く炒める。

79 ウインナーとキャベツのケチャップ炒め

◎材料 (2人分)
ウインナー............ 2本
キャベツ............ 2枚
塩・コショウ............ 各少々
オリーブ油............ 適量
A [ケチャップ............ 大さじ1
  粒マスタード............ 少々]

◎作り方
1 ウインナーは縦4等分に切る。
2 キャベツは細切りにする。
3 熱したフライパンにオリーブ油をひき、1と2を炒めて塩・コショウをする。キャベツがしんなりしたら、Aを混ぜ合わせる。

🏠…ほうれん草でも彩りよく作れます。

カラフル
ツナ野菜

ツナ缶は何もない時のお助け素材。
野菜と和えれば彩りもよく、
スキマに合わせて詰められます。
定番のマヨネーズをはじめ、
ごま油や酢じょうゆとも合いますよ。

Obento Point
「汁気はしっかりしぼる」
ツナや野菜の汁気は、しっかりしぼってから和えるようにしてください。少ない調味料でもおいしく作ることができます。

80 ツナとブロッコリーの中華風味

◎材料 (2人分)
ツナ缶……… ½缶 (40g)
ブロッコリー……… 30g
A ┌ 酢……… 小さじ1
  │ しょうゆ……… 大さじ½
  │ ごま油……… 小さじ½
  └ コショウ……… 少々

◎作り方
1 ブロッコリーは小房に分け、耐熱皿に入れる。ラップをして電子レンジで加熱 (700Wで約30秒) する。
2 **1**の粗熱がとれたら、汁気をきったツナと合わせ、さらに**A**も加えてざっくり和える。

82 水菜とツナのさっぱり和え

◎材料 (2人分)
ツナ缶……… ½缶 (40g)
水菜……… 40g
塩……… 少々
A ┌ 酢……… 小さじ1
  └ しょうゆ……… 少々

◎作り方
1 水菜は適当な長さに切り、軽く塩をふる。
2 ボウルにツナ缶の汁気をきって入れ、**1**をしぼって混ぜ込む。
3 **2**に**A**を加えてざっくり和える。

🏠…白菜でもおいしいです。

81 ツナマヨラディッシュ

◎材料 (2人分)
ツナ缶……… ½缶 (40g)
ラディッシュ……… 4個
A ┌ マヨネーズ……… 小さじ2
  │ しょうゆ……… 小さじ½
  └ コショウ……… 少々

◎作り方
1 ラディッシュは薄切りにする。葉は細かく刻んで軽く塩 (分量外) をふり、手でもんでしんなりさせて水気をきる。
2 ボウルにツナ缶の汁気をきって入れ、**A**を混ぜ合わせる。さらに**1**を加えて和える。

🏠…小かぶでもおいしいです。

83 プチトマトのツナサラダ

◎材料 (2人分)
ツナ缶……… ½缶 (40g)
プチトマト……… 4個
A ┌ オリーブ油……… 小さじ2
  │ 粒マスタード……… 少々
  └ 塩・コショウ……… 各少々

◎作り方
1 プチトマトはヘタを取り、縦4等分に切る。
2 ボウルにツナ缶の汁気をきって入れ、**A**と**1**を加えてざっくり和える。

乾物で作り置き

常備しておくと便利な
お弁当の脇役たち。
市販のものもいろいろとありますが、
とても簡単に手作りできるので、
ぜひ試してみてください。
ここでは、思い立った時に作れる
乾物を使ったメニューを紹介します。

Obento Point
「上手にストックを」

ある程度日持ちするので、時間のある時に作っておきましょう。「煮干しのカラメル炊き」は10日間ほど、「細切りわさび昆布」は1週間ほど、それぞれ冷蔵庫で保存できます。「ふっくら黒豆」は、汁ごと容器に入れて冷凍保存を。糖分が多く完全にはかたまらないので、スプーンなどで凍ったまま好みの量をすくい、自然解凍してお弁当に入れてください。

84 煮干しのカラメル炊き

◎材料（作りやすい量）
煮干し……… 40g
白ごま……… 小さじ1

A ┌ 砂糖（上白糖か三温糖）… 大さじ1と1/2
　├ しょうゆ…… 大さじ1
　├ 酒…… 大さじ1
　└ みりん…… 大さじ1

◎作り方
1　Aをフライパンに入れて加熱し、沸騰して大きな泡が出たら煮干しを入れる。ざっくりかき混ぜながら2〜3分ほど炒り、水分をとばしてつやを出す。
2　仕上げに白ごまを混ぜ入れ、クッキングシートを敷いた皿に移して冷ます。…★

★…カラメルが冷めてくると、フライパンやお皿にくっついてかたまってしまうので、熱いうちにクッキングシートの上に移しておく。

🏠…きび砂糖はカラメル状になりにくく、とろみが出ないので、上白糖を使います。

85 細切りわさび昆布

◎材料（作りやすい量）
昆布（だしをとった後のもの）……… 100g
わさび（練り）…… 小さじ1
白ごま……… 適量

A ┌ 砂糖…… 大さじ1と1/2
　├ しょうゆ…… 大さじ2
　└ みりん…… 大さじ2

◎作り方
1　昆布は細切りにする。
2　1とAを鍋に入れ、弱火で混ぜながら炒り煮にする。つやが出たら火を止めて冷ます。
3　2の粗熱がとれたら、わさびを絡め、仕上げにごまを入れて混ぜる。…★

★…わさびを加えると、後味がさっぱりする。

🏠…だしをとった後の昆布は冷凍しておくと便利です。何枚かまとまったら、自然解凍して使ってください。

86 ふっくら黒豆

◎材料（作りやすい量）
黒豆……… 200g
砂糖……… 170〜180g
塩……… 小さじ1
しょうゆ…… 大さじ2〜3
重曹……… 小さじ1/3
熱湯……… 1リットル

◎作り方
1　黒豆はザルでさっと水洗いして、水をきる。
2　大きめの厚手の鍋に材料をすべて入れてざっくり混ぜ、落とし蓋（蓋のサイズにカットしたクッキングシートでも可）をかぶせ、さらに鍋蓋をする。ひと晩置いて豆を戻す。…★
3　2をやや強火にかける。沸騰したら火を弱め、蓋をはずしてアクをすくい、再び蓋を戻す。途中、吹きこぼれてくる前に火を止め、鍋に触ってヤケドしないくらいまで冷ましたら再び弱火にする。これを数回繰り返しながら、2時間ほど煮る。…★★

★…湯が冷めにくいように鍋蓋をしておく。
★★…煮汁から豆が出ないように、落とし蓋をしたまま煮る。

🏠…砂糖が多いので弱火でも吹きこぼれることがあります。煮汁が減ると、豆が空気に触れてシワシワになるので、加熱と自然冷却を繰り返しながら吹きこぼれないように煮てください。

楽しく、おいしい、お弁当生活のために。

「おかずは何でもいい」
お弁当は毎日のごはんのなかの一部。お家のごはんが唐揚げやエビフライばかりではないように、お弁当も野菜炒めやポテトサラダなど、いろいろなおかずを入れてもいいのです。どんなものでもおかずにすることは、毎日のお弁当を飽きずにおいしくいただくことにもつながります。

「組み合わせはお家のごはんと同じ」
おかずの組み合わせはバランスが何より。甘辛いものや揚げものばかりに偏らないようにしましょう。脂っこいおかずには野菜の煮物を組み合わせたり、酸味が足りない時には酢の物や梅干しを添えたり。お家のごはんの献立と同じです。

「買う前に作れるか考えてみる」
料理教室では「こんなに簡単に作れるなんて！」という言葉をよく耳にします。たとえば、めんつゆやふりかけやドレッシング。はじめから買うものと思い込んではいませんか？ 全てを手作りするのは難しいですが、手頃な材料で簡単にできるものは、ぜひ試してみてください。

「冷凍おかずも手作りできる」
春巻き、シュウマイ、チキンナゲット、ミートボール……。こんな冷凍食品の定番メニューも、自分で作って冷凍できます（P33）。もちろん、市販のものと同じように、朝に手間はかかりません。お家のごはんのおかずにもできるので、晩ごはん用には大きく、お弁当用には小さくなど、使いやすい大きさでまとめて作っておくと便利です。

「野菜をたっぷり使える」
市販のお弁当は、揚げものなどが中心で野菜のおかずが少ないような気がします。でも自分で作るなら、旬の野菜や冷蔵庫の余り野菜をどんどん取り入れられますよね。わざわざ材料を買い揃えなくても、たとえば前日のお鍋で使った豚肉とエリンギを少し残しておけば、豚肉巻きが作れます。晩ごはんの素材もうまく活用してください。

「彩りは冷蔵庫にある素材で」
彩りのために必ずパセリやプチトマトを買い揃えなくても、おいしそうに盛りつけることはできますよ。緑色なら水菜やセロリの葉をちぎって添えるだけでも充分。赤色ならにんじんをせん切りにして軽く塩をふったり、鮭の身をほぐしてふりかけにしたり……。まずは、冷蔵庫にある旬の素材に目を向けてみましょう。

「炊きたてのご飯がなくても大丈夫」
私の家ではご飯が炊けたらおひつに移しています。木が余分な水分を吸い取ってくれるので、時間が経ってもふっくらおいしいご飯がいただけます。翌日のお弁当には、おひつのご飯を電子レンジで温めて詰めることもあります。ただし夏場に限っては、残ったご飯は冷蔵庫で保存しています。

「小さい道具があると便利」
道具が大きいと、それだけで場所もとり、洗うのも大変。私は息子と自分、二人分のお弁当を毎朝作っていますが、小さいサイズの料理道具がとても役立っています。小さいボウル、小さいフライパン、小さいバット、小さいまな板……。油や調味料の無駄もなく、お弁当作りには欠かせません。

「ご飯はどんなおかずにも合う」
お米をお水で炊き上げるご飯。パンや麺よりも腹持ちがよく、和洋中どんなおかずにも合います。究極は塩むすび！ 冷めても、お塩だけでも、おいしくいただけますよね。お弁当生活をはじめると、改めてお米の素晴らしさを発見できるはずです。

「作ったお弁当だから分かること」
自分で作るということは、作る工程も、作った日時も、全部把握しているということです。当然、どんな素材からできているのかも、購入場所や産地を含めてちゃんと分かっているので安心です。

「軽い気持ちで作って欲しい」
お弁当未経験の方、無理せず気がむいた時でいいのです。この本を見ながら試しに一度作ってみてください。冷凍しておいたものを温めるだけだったり、晩ごはんと同じ材料でアレンジできたり、意外と簡単に、そして経済的に、きっとおいしいお弁当が作れると思います。

「シンプルなことから何かが変わる」
お店のお惣菜やお弁当が売れ残ったら、大量に廃棄されてしまいます。食べる分を作って、食べられるうちにおいしくいただくこと……。そんなシンプルなことをみんなではじめたら、何となくいろいろなことが変わってくるのかもしれません。

ご飯が主役のお弁当

おかずがなくてもおいしくいただける、ご飯が主役のお弁当をご紹介。
卵を使って手早く作れるどんぶり風のお弁当と、
特別な日にみんなで囲むちょっと豪華なご飯メニューです。

卵で作る簡単ごはん

行事の日の華やかごはん

番外編
ご飯のない時のお助け弁当

ご飯がない! そんな時に役立つ、パンとうどんを使った
とっても手軽なお弁当を紹介します。

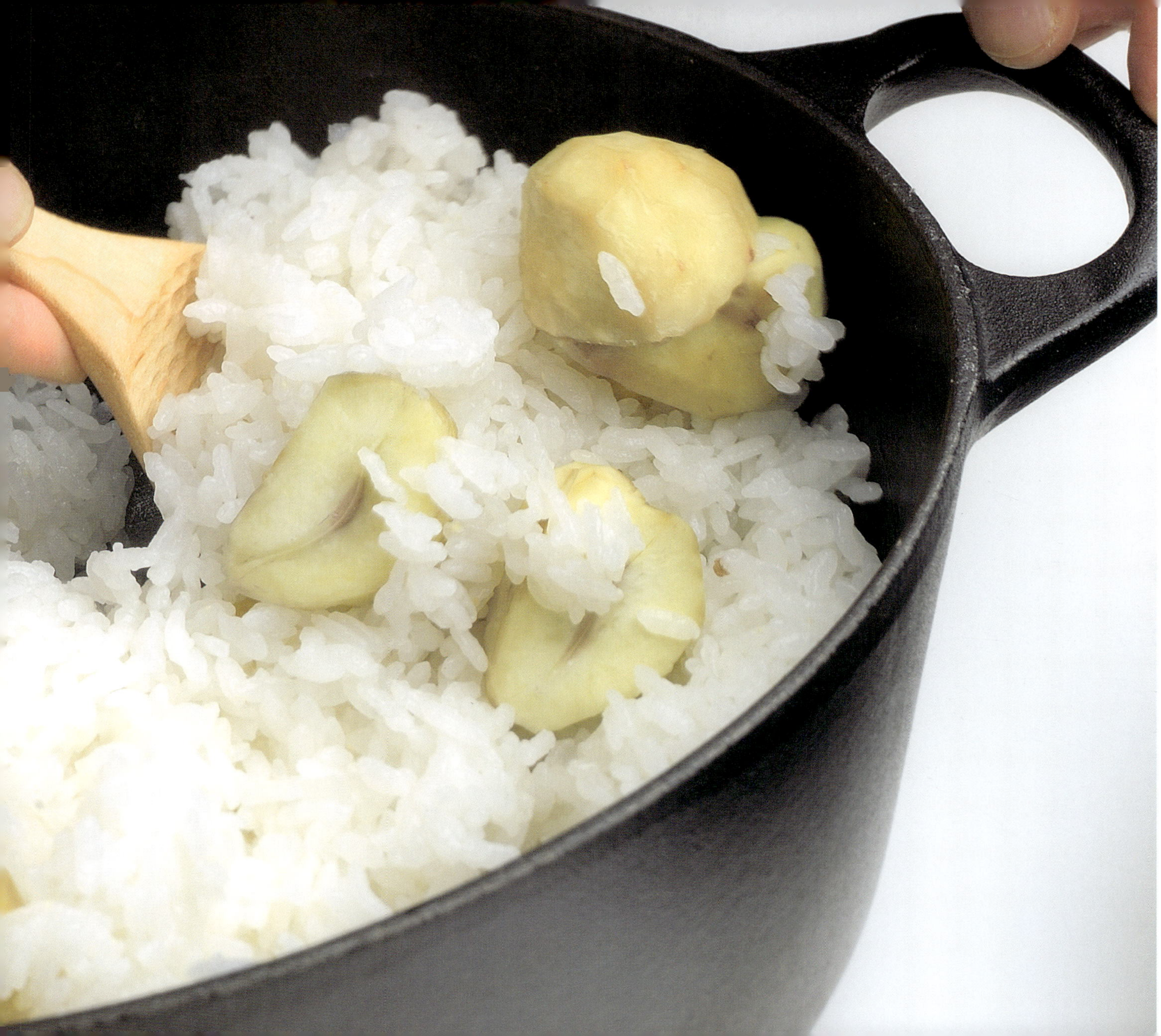

ピリ辛ライス

残りご飯でさっと作れるチャーハン弁当。
ほどよくスパイシーな炒めご飯には、
まろやかな卵がぴったりです。
家でいただくなら目玉焼きをのせて、
アジアンプレート風に盛りつけてみましょう。

◎材料（1人分）

ご飯 …… 飯椀1杯分（200g）	ザーサイ（瓶） ………… 大さじ1（10g）
豚ひき肉 ………… 50g	しょうが ………… 少々
卵 ………… 1個	豆板醤 ………… 小さじ¼
九条ねぎ（青ねぎ） ………… ½本	塩・コショウ ……… 各少々
	しょうゆ ………… 大さじ½
	サラダ油 ………… 適量

◎作り方

1. 卵は茹で卵にして、半分に切る。
2. ねぎは小口切りにする。
3. ザーサイとしょうがはみじん切りにする。
4. 熱した中華鍋にサラダ油をひき、**3**、豆板醤、ひき肉を炒める。
5. ひき肉に火が通ったら、ご飯と**2**を加えてさらに炒め、塩・コショウをする。仕上げに鍋肌からしょうゆをまわしかける。
6. **5**を弁当箱に詰め、**1**の茹で卵を添える。

🏠…残ったザーサイは、春巻き（P32）や野菜炒めに加えるほか、ごま油と和えて冷や奴にのせるなど、調味料のような使い方もできます。

Obento Point
「卵はふきんに包んで」
卵はふきんに包むと、殻にヒビが入らずに茹でられます。

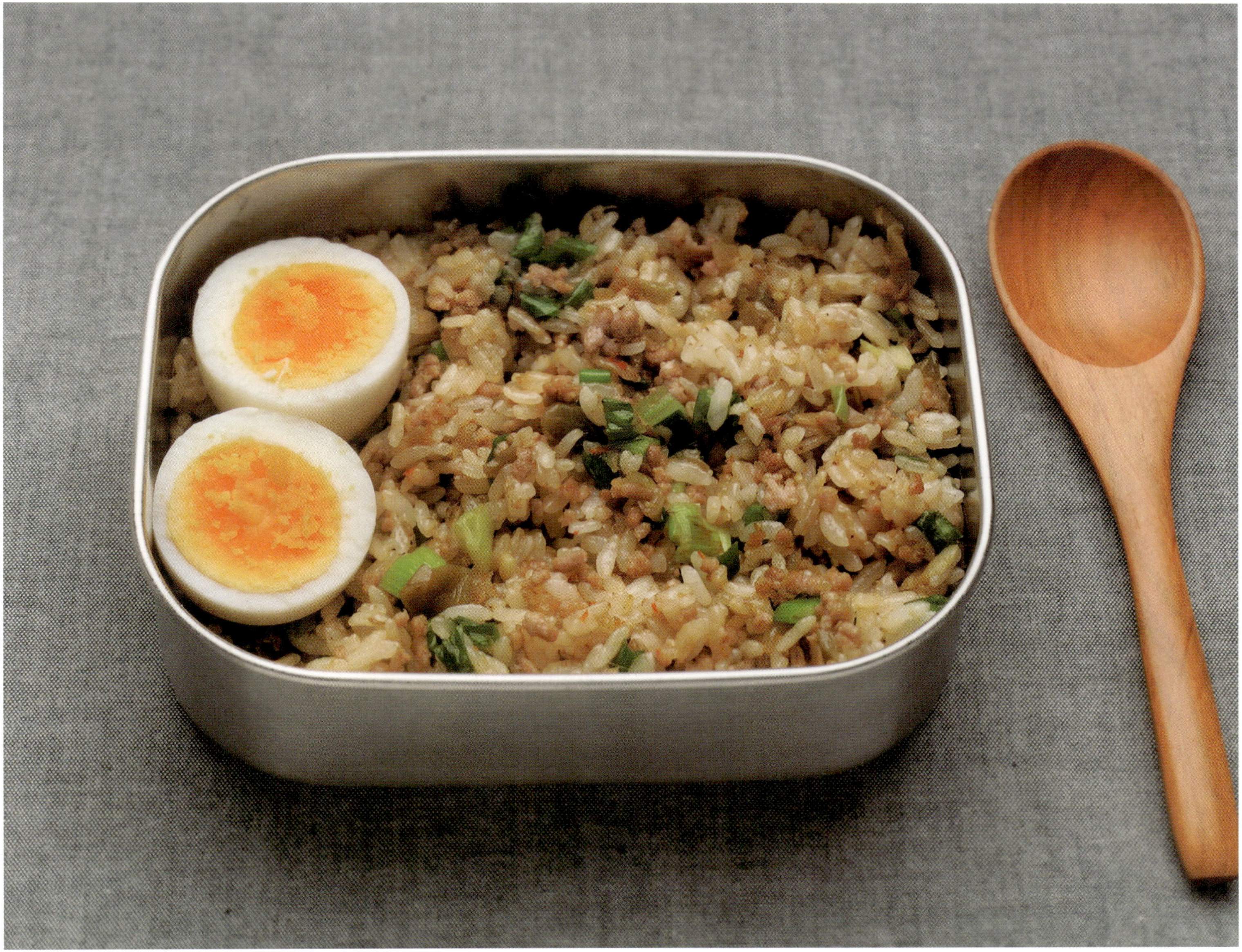

ふりかけ市松弁当

盛りつけにひと工夫すると、
ふりかけご飯も華やかなお弁当になります。
卵やたらこをそぼろにしたり、
おじゃことわかめを混ぜ合わせたり、
手作りのふりかけも、とても簡単です。

◎材料（1人分）

ご飯 飯椀1杯分（200g）	ちりめんじゃこ 大さじ½
卵 1個	白ごま 適量
水菜 ½株	たらこ ½腹
わかめ（乾燥） 小さじ½	塩 ひとつまみ
	しょうゆ 少々

◎作り方

1　卵は耐熱ボウルに割り入れ、塩としょうゆを加えてしっかり溶く。ラップをして電子レンジで加熱（700Wで約30秒）し、一旦取り出して泡立て器でポロポロにする。さらに加熱（700Wで約30秒）して、泡立て器でそぼろ状になるまで細かくつぶす。
2　水菜は細かく刻み、塩（分量外）をふる。
3　わかめは水で軽く湿らせ、包丁で細かく切る。…＊
4　2、3、ちりめんじゃこ、ごまを混ぜ合わせる。
5　たらこはアルミ箔にのせて軽くほぐし、全体を包む。オーブントースターで3分ほど加熱したらボウルに移し、泡立て器で細かくほぐす。…＊＊
6　弁当箱に半量のご飯を詰め、**1**の半量をちらし、残りのご飯をのせる。残りの**1**と、**4**、**5**を市松模様になるようにのせる。

Obento Point
「そぼろは泡立て器で」
素材をそぼろ状にしてふりかけを作る時は、泡立て器を使うと手早くできます。

＊…乾燥わかめは、湿らせると切りやすくなる。

＊＊…たらこをアルミ箔で包んで蒸し焼きにすると、飛び散らずに加熱できる。

🏠…市松模様だけでなく、お弁当箱の形に合わせて自由に盛りつけてみましょう。

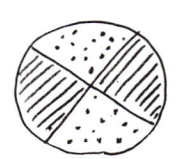

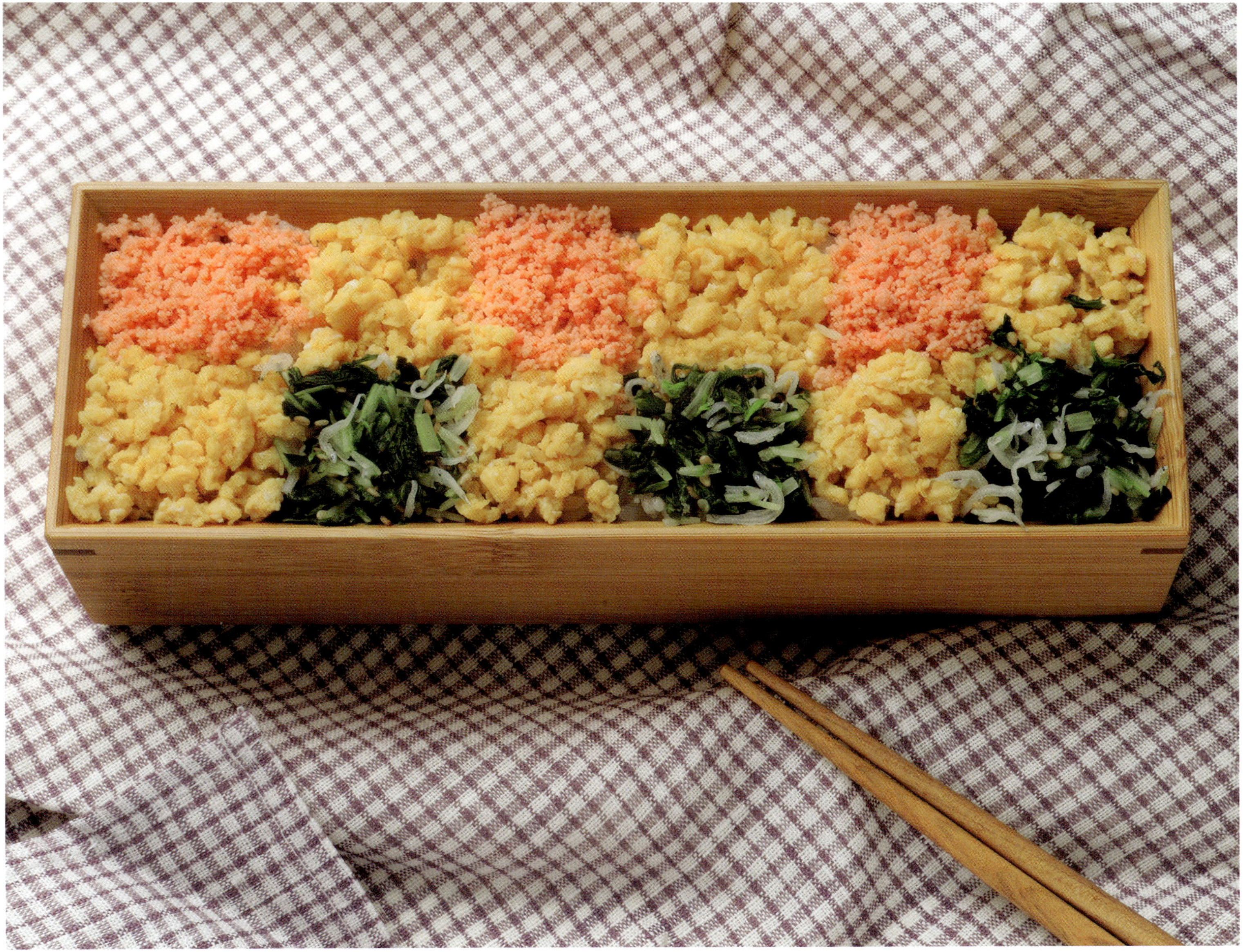

オムごはん

炒めないで仕上げるケチャップご飯に
卵焼きをふんわりのせた、
手間のかからないオムライスです。
ボリューム満点でも油っぽくないので
大人のお弁当にもおすすめです。

◎材料 (1人分)
ご飯 (温かいもの)
……… 飯椀1杯分 (200g)
卵………… 1個
玉ねぎ………… 1/8個
ベーコン (ハーフ) … 1枚
ピーマン………… 1/2個
プチトマト………… 2個
塩・コショウ………… 各少々
ケチャップ………… 大さじ2
マヨネーズ………… 適宜
オリーブ油………… 適量

◎作り方
1. 玉ねぎ、ベーコン、ピーマンはみじん切りにする。
2. 熱したフライパンにオリーブ油をひき、**1**を炒めて塩・コショウをする。
3. ボウルに**2**、ご飯、ケチャップを入れてよく混ぜ合わせ、弁当箱に詰める。
4. 別のボウルに卵を割り入れ、塩 (分量外) を加えてしっかり溶く。
5. **2**のフライパンをキッチンペーパーで拭き、オリーブ油を熱して**4**を流し入れる。菜箸で軽くかき混ぜながらお弁当箱のサイズにまとめ、大半がかたまったら火を止める。
6. **3**に**5**をのせ、好みでケチャップ (分量外) とマヨネーズを添えて、プチトマトを飾る。

Obento Point
「温かいご飯に味つけを」

温かいご飯にケチャップを混ぜると、まんべんなく味がなじみます。冷やご飯を使う時は、電子レンジなどで温めてから作るようにしてください。

77

きつね御膳

お揚げとねぎの和風どんぶり弁当です。
とろっとした半熟卵がよく合いますが、
季節によってはしっかり加熱してください。
鶏肉で親子丼、豚肉で他人丼など、
作り方を覚えておくと応用もできますよ。

◎材料（1人分）

ご飯 …… 飯椀1杯分（200g）	卵 …… 1個
油揚げ …… 5cm×10cm	七味唐辛子 …… 適宜
九条ねぎ（青ねぎ） …… 1/2本	A ┌ だし汁 …… 1/4カップ 　 砂糖 …… 大さじ1 　 しょうゆ …… 大さじ1 　 └ みりん …… 大さじ1

◎作り方

1 油揚げは熱湯にくぐらせて油抜きし、細切りにする。ねぎはナナメに切る。
2 卵をボウルに割り入れ、塩ひとつまみ（分量外）を加えてかき混ぜる。
3 フライパンに**A**と**1**の油揚げを入れ、中火で加熱し、煮立ったらねぎを加える。しんなりしたら**2**の卵を回しかけて蓋をする。
4 ご飯を弁当箱に詰める。
5 **3**の卵がかたまったら**4**にのせ、好みで七味をふる。

Obento Point
「フライパンでも大丈夫」
お店のようにどんぶり用の平鍋がなくても、小さめのフライパンを使えば上手く作れます。

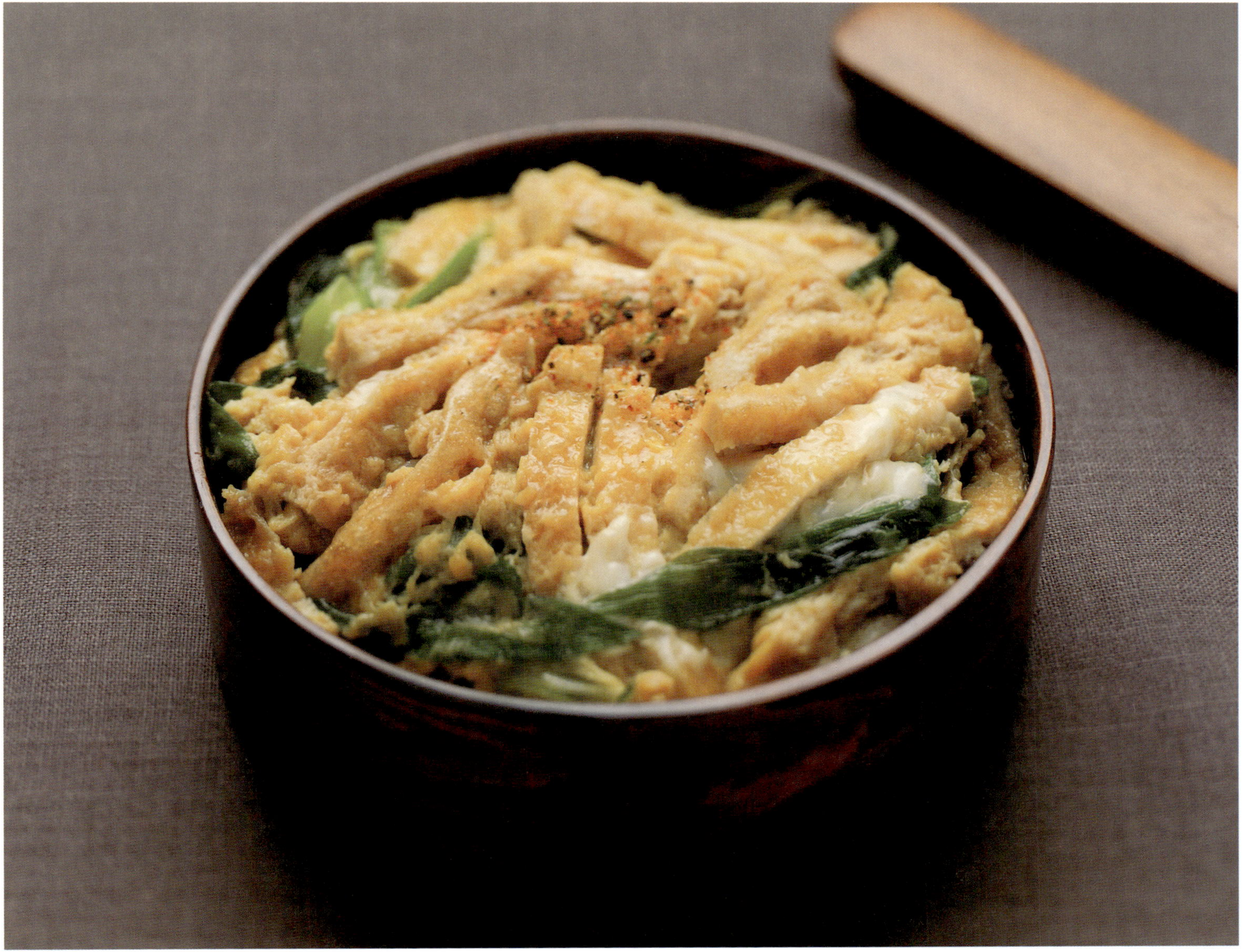

巻きずし

一度にたくさん作りやすく、
見た目も華やかな巻きずし。
ここでは定番の具を巻いていますが、
エビやうなぎ、ツナなど、
季節の味覚や子どもの好きな素材を巻いて、
いろいろな味わいを楽しんでください。

行事の日の華やかごはん

◎材料（4本分）

米	2カップ
焼きのり（全形）	4枚
干ししいたけ	3枚
きゅうり	1/2本（縦半分）
卵	2個
カニかまぼこ	80g
わさび（練り）	適量
サラダ油	適量

A
- 酢……大さじ5
- 上白糖……大さじ4
- 塩……小さじ1

B
- 干ししいたけの戻し汁……1/4カップ
- 砂糖……大さじ1
- しょうゆ……大さじ1
- みりん……大さじ1

◎作り方

1. 米は普通に炊き、蒸らさずにA（すし酢）をまわしかけて一気に冷まし、すし飯を作る。
2. 干ししいたけはぬるま湯で戻し（戻し汁は残しておく）、軸を切り落として細切りにする。Bといっしょに鍋に入れ、中火でかき混ぜながら汁気がなくなるまで煮て味をしみ込ませる。
3. きゅうりは縦4等分のスティック状に切る。
4. 卵は塩少々（分量外）を加えて溶く。熱したフライパンにサラダ油をひいて卵焼きを作り、細長く切る。
5. 巻きすにざらざらした面が上になるようにのりを1枚のせ、指を水で湿らせながらすし飯の1/4量を平らに広げる。このとき、奥は2cm、手前と左右は5mmほどあけておく。
6. すし飯の中央にわさびを薄く塗る。きゅうり、カニかまぼこ、卵、しいたけの順に、それぞれ1/4量ずつのせていく。
7. 手前を持ち、半分に折るようにしてすし飯の端どうしを合わせる。のりの奥2cmに水をつけ、巻きすを奥に転がすようにして一気に巻き、形をととのえる。同様にして4本作る。
8. 巻きすをはずし、包丁を水でぬらしながら、2cm幅に切り分ける。…＊

Obento Point
「ツヤのあるすし飯に」
大きめのバットに炊きたてのご飯をこんもり盛ります。てっぺんからすし酢をかけたら、山をくずすようにバット全体に広げましょう。うちわで仰ぎながら混ぜ、一気に熱を冷ましていくと、ツヤのあるおいしいすし飯になります。

＊…包丁を水でぬらすとご飯粒がつきにくくなり、きれいに切り分けられる。

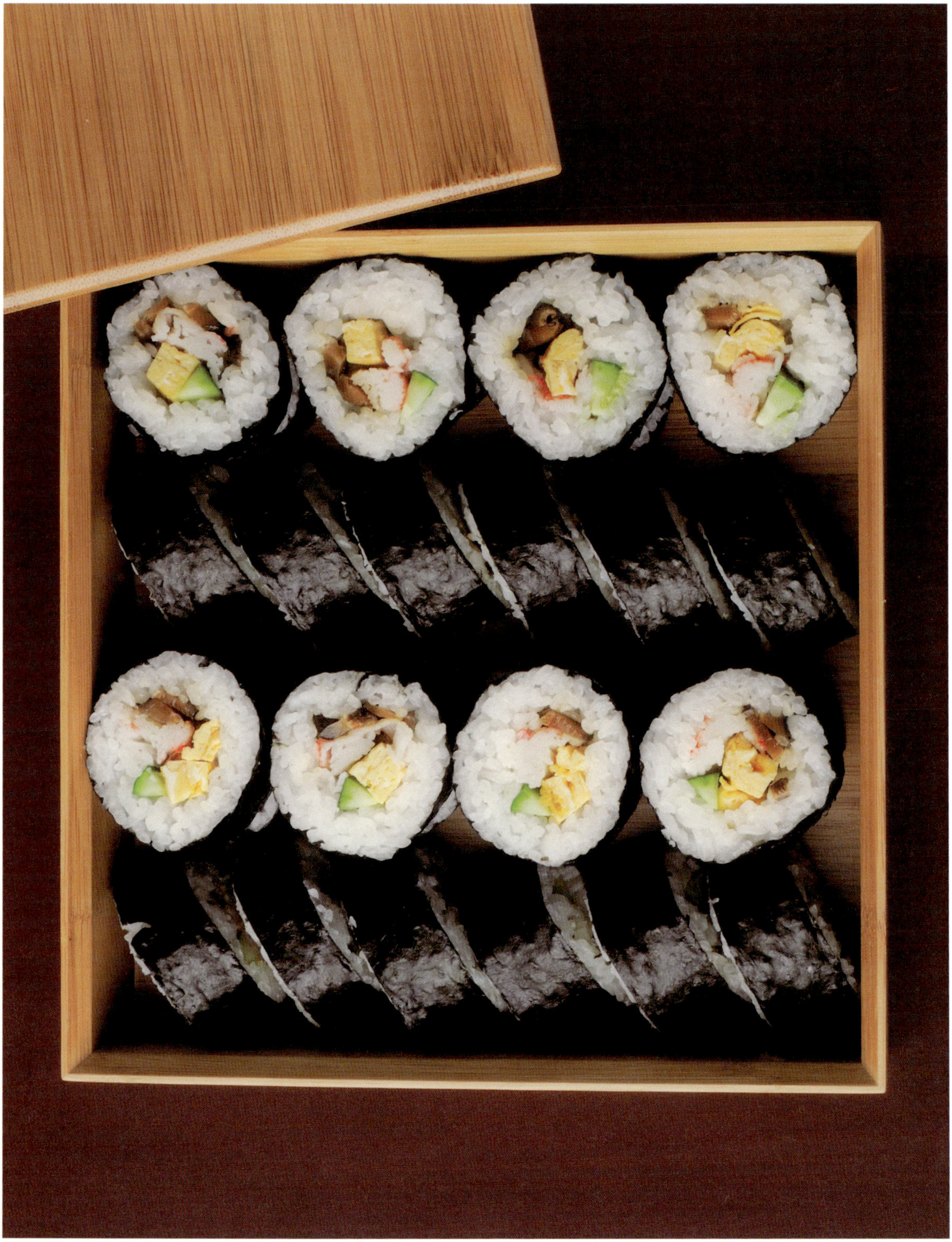

おめかしむすび

どこでもパクッと食べられるおにぎり。
おかずがなくても充分おいしくいただける
昔ながらの優秀なお弁当です。
特別な日には、味にも見た目にもこだわって、
いつもと違うおにぎりに挑戦してみてください。

こんがり焼きおにぎり

◎材料（4個分）
ご飯（温かいもの）　　　　しょうゆ………… 大さじ2
……飯椀2杯分（400g）　　ごま油………… 適量

◎作り方
1　ボウルにご飯としょうゆを混ぜ合わせ、三角のおにぎりを4個作る。
2　熱したフライパンにごま油をひき、1の両面を焼いて軽く焦げ目をつける。

梅干し入りとろろむすび

◎材料（8個分）
ご飯（温かいもの）　　　　かつおぶし
……飯椀2杯分（400g）　　………… 1パック（3g）
梅干し………… 2個　　　　とろろ昆布………… 適量

◎作り方
1　ボウルに梅干しを入れ、フォークなどでつぶして種を取り除き、かつおぶしを混ぜ合わせる。
2　ご飯を8等分して、1を中央に入れた球形のおにぎりを8個作る。
3　とろろ昆布をほぐし、2のそれぞれにまぶす。

薄焼き卵の俵おにぎり

◎材料（4個分）
ご飯（温かいもの）　　　　黒ごま………… 少々
……飯椀2杯分（400g）　　塩………… 少々
卵………… 1個　　　　　　サラダ油………… 適量

◎作り方
1　卵は塩ひとつまみ（分量外）を加えてしっかり溶く。
2　熱したフライパンにサラダ油をひき、1を流し入れて薄焼き卵を作る。冷めたら3cm幅に切る。…*
3　ご飯に塩と黒ごまを混ぜ合わせ、俵型のおにぎりを4個作り、それぞれに2を巻く。

*…薄焼き卵をひっくり返す時は、菜箸を使うと便利。

Obento Point
「温かいご飯をにぎる」

温かいご飯は粘り気があってにぎりやすく、いろいろな形にできます。食べる時もポロポロとくずれてきません。

俵型ににぎる　　三角ににぎる

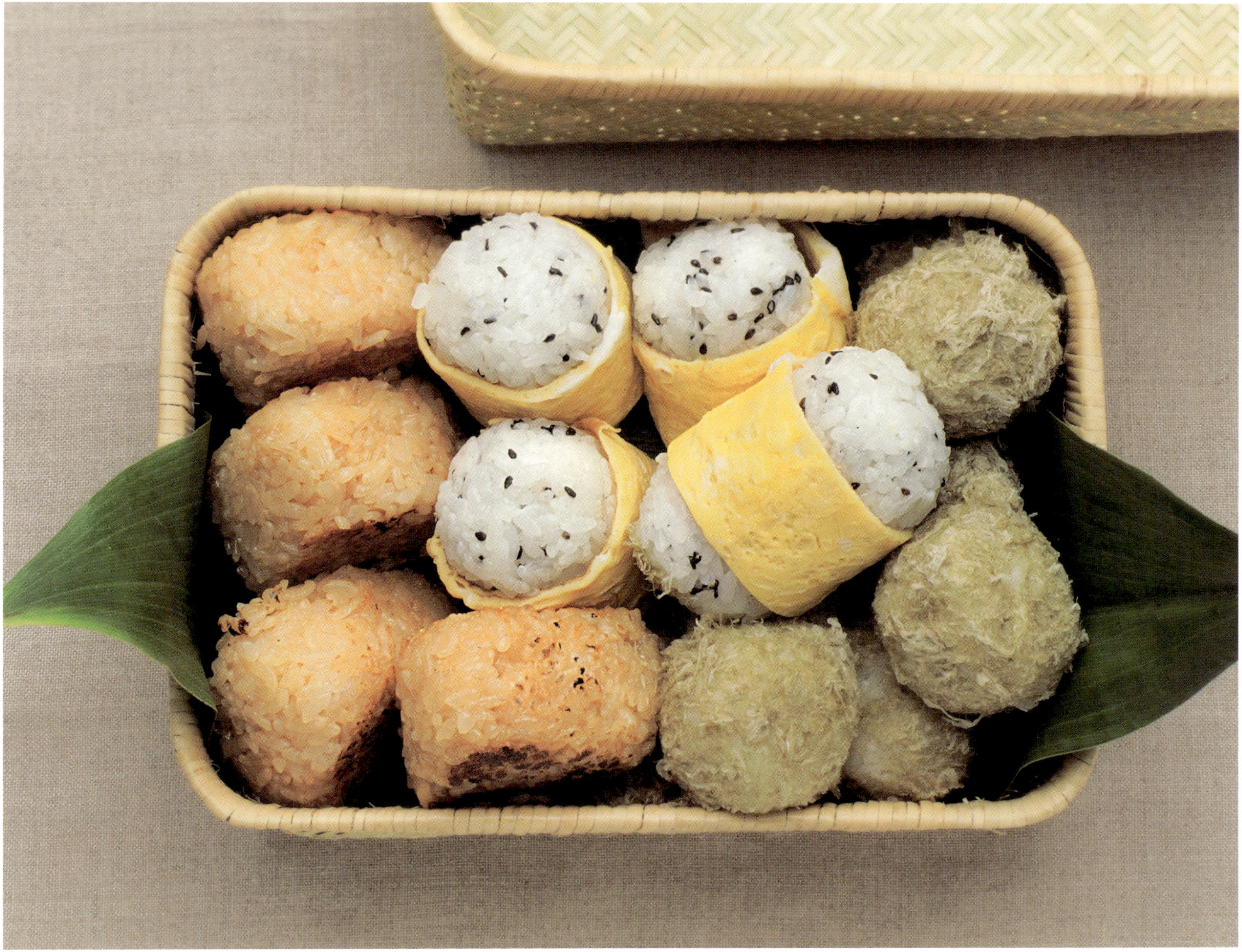

中華おこわボール

もち米を蒸して作るおこわは、
冷めてももちっとしていてお弁当向き。
ラッピングでボール型にまるめると
手もベタベタにならず食べやすいです。
見た目もかわいらしいので、
ホームパーティーにもおすすめですよ。

◎材料 (4〜6人分)

もち米	2カップ
鶏もも肉	1枚 (300g)
干ししいたけ	3枚
にんじん	1/2本
たけのこ (水煮)	100g
ごぼう	1/2本
ごま油	小さじ1
塩・コショウ	各少々

A
- スープ
  - 水 1/2カップ
  - 鶏がらスープの素 小さじ1/2
- しょうゆ 大さじ1
- オイスターソース 大さじ1
- 紹興酒 大さじ1/2
- しょうが汁 小さじ1
- 塩・コショウ 各少々

◎作り方

1 もち米をとぎ、ひと晩水に浸けて、水をきる。
2 干ししいたけはぬるま湯で戻し、軸を切り落として粗みじんに切る。にんじんも粗みじんに切る。たけのこは小さく切る。
3 ごぼうはささがきにする。水にさらしてアク抜きをしたら、水気をきる。
4 鶏肉は1.5cm角に切る。
5 熱した中華鍋にごま油をひき、**4**を炒めて塩・コショウをする。**3**を加えてさっと炒めたら中火にして、**1**、**2**、**A**を加え、さらに炒める。米に汁気を吸わせながら、水分がなくなるまで3〜5分ほど炒める。
6 蒸し器のすのこに、かたくしぼった薄手のふきんを敷き、**5**を入れて強火にする。蒸気が上がってきたら、中火にして30〜40分蒸す。(途中、表面が乾いてくるようだったら、上下を返すように全体をざっくり混ぜてもよい)。…*
7 冷めたら、好みの量をラップやクッキングシートなどで丸く包む。

Obento Point
「米にスープを吸わせる」
ご飯に味がしみ込むように、お米を蒸す前にスープを加え、しっかり炒めておきましょう。

*…おこわが蒸し器にくっつかないように、ふきんやクッキングシートを敷いておく。ふきんのサイズが大きい場合は、おこわの上にかぶせたまま蒸す。

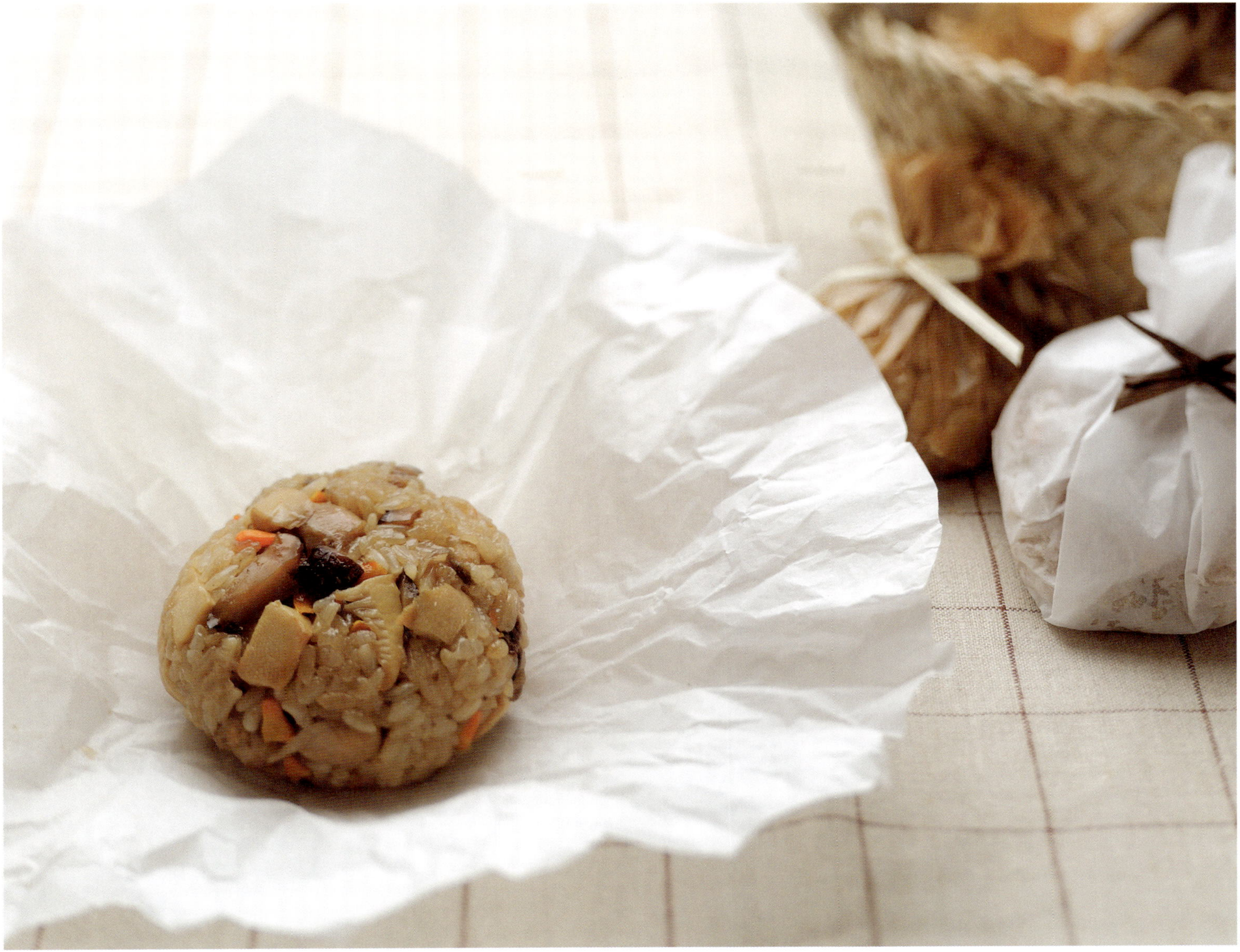

おいなりさん

甘辛いお揚げにすし飯をたっぷり詰めた
ちょっと大きめの田舎風おいなりさん。
基本的な作り方を覚えたら、
ごまやおじゃこ、鶏のそぼろなど、
好みの具材をいろいろと混ぜ込んで
お家ならではの味を作ってみてください。

◎材料（16個分）
- 米……… 1.5カップ
- 油揚げ（すし用の正方形 /7cm×7cm）……… 8枚
- 干ししいたけ……… 2枚
- にんじん……… 1/2本
- 三つ葉……… 1/2束
- 白ごま……… 大さじ1/2

A
- 酢……… 大さじ4
- 上白糖……… 大さじ2
- 塩……… 小さじ1

B
- だし汁……… 1/2カップ
- 砂糖……… 大さじ5〜6
- 塩……… 小さじ1/2
- しょうゆ……… 大さじ3
- みりん……… 1/2カップ

C
- 干ししいたけの戻し汁……… 1/2カップ
- しょうゆ……… 大さじ1/2

◎作り方

1. 米は普通に炊き、蒸らさずに**A**（すし酢）をまわしかけ、すし飯を作る（P80参照）。
2. 油揚げは熱湯にくぐらせて油抜きし、**B**といっしょに鍋に入れる。アルミ箔で落とし蓋をし、さらに鍋蓋をして弱火で10分ほど煮る（途中で上下を入れ替える）。汁気が少なくなったら火を止め、そのまま冷ます。…＊
3. しいたけはぬるま湯で戻し（戻し汁は残しておく）、軸を切り落として粗みじんに切る。にんじんも粗みじんに切る。小鍋に**C**といっしょに入れ、弱火で汁気が少なくなるまで煮たら火を止め、そのまま冷ます。
4. 三つ葉は葉をちぎって飾り用に残しておく。軸は長さ3mmくらいに切り、**3**と白ごまとともに**1**に加えて混ぜ合わせ、16個のかたまりを作る。…＊＊
5. **2**を両手ではさみ、軽く汁気をしぼる。4枚ずつ三角形と長方形の2等分に切り、切り口をスプーンの柄などでさく。
6. **5**に**4**をそれぞれ詰めていく。…＊＊＊
7. すし飯の見えている面に三つ葉の葉を飾る。

Obento Point
「スプーンの柄で袋状に」
油揚げは、包丁で切り込みを入れると破れてしまうことがあります。スプーンやフォークの柄を使って少しずつさいていきましょう。

＊…油揚げの上下を入れ替えて、まんべんなく調味料をしみ込ませる。

＊＊…すし飯のかたまりを作っておくと、油揚げに詰めやすい。

＊＊＊…三角形の油揚げはすし飯を詰めて包むように、長方形の油揚げはすし飯が見えるように、それぞれ包んでいく（写真は三角形の包み方）。ここでは切れ目のない正方形の油揚げを使っています。違う形の油揚げを使う場合は、作りやすい大きさで仕上げてください。

🏠…甘辛く炊いたお揚げさんは、容器に入れて冷凍保存もできます。使う時は自然解凍してください。きつねうどんに入れてもおいしいですよ。

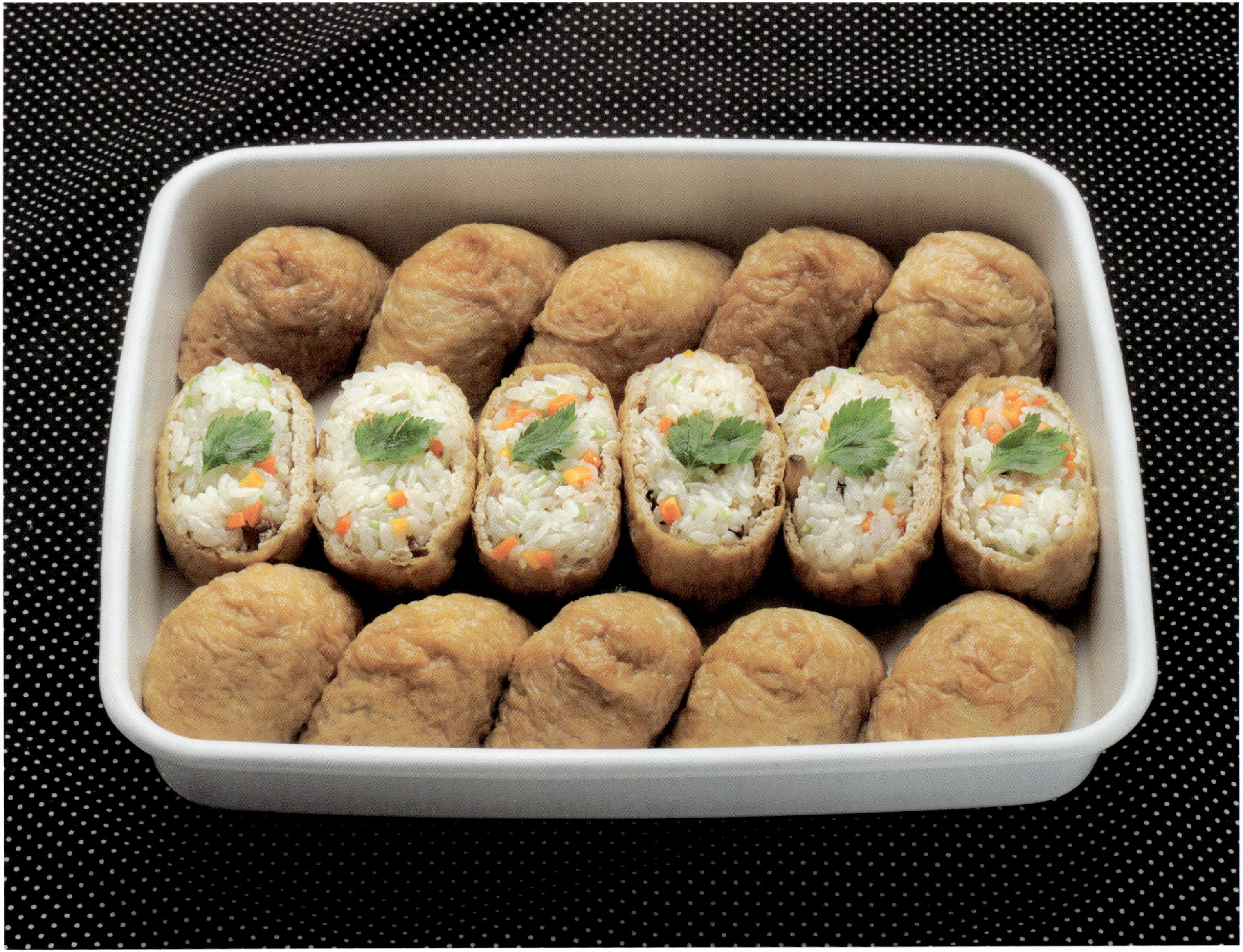

栗ごはん

栗は年に一度はいただきたい秋の味覚。
皮をむくのはちょっぴり手間ですが、
炊き込みごはんにすれば、
みんなで楽しく味わえます。
おもてなしのお弁当やハレの日の集いには、
思い切ってお重に盛りつけてみましょう。

◎材料（4人分）
栗............10粒
米............2カップ
水............2カップ強
塩............小さじ½
黒ごま............適宜

◎作り方
1. 鍋に湯を沸かし、沸騰したら火を止めて栗を入れる。蓋をして30分ほど浸けておく。
2. 鬼皮がやわらかくなったら、下部を包丁で薄く切り落とす。皮を上へ引っぱりながらはぎ、最後は手でむいていく（湯は残しておく）。
3. 鬼皮がむけたら湯に戻し、再び5分ほど浸ける。渋皮がやわらかくなったら、包丁できれいにむく。…*
4. 米はといで30分ほど水に浸けて、水気をきる。鍋（もしくは炊飯器）に入れ、水、3の栗、塩を加えて普通に炊いて蒸らす。
5. 軽く栗をつぶしながら、底からざっくりかき混ぜてお重に盛り、好みで黒ごまをふる。

🏠…栗ははじめに熱湯にひたしているので、まるごと炊いても中まで熱が通ります。甘みも逃げずホクホクに仕上がりますよ。

Obentou Point
「熱湯で皮をやわらかくする」

30分ほど湯に浸けて鬼皮をやわらかくします。下部のざらついたところを包丁で薄く切り落とし、その切り落とした部分に包丁の角を差し込んで、上に引っぱるように皮をはぎます。途中からは、手でも簡単にむけます。

*…渋皮が少しでも残っていると渋みがご飯に移ってしまうので、きれいにむいておく。

Omake Recipe
「栗きんとん」

栗を使った簡単なおやつです。（栗6粒、砂糖大さじ2〜3）
栗は鬼皮ごと水から30〜40分ほど茹でて縦半分に切り、スプーンで実を取り出してボウルに入れます。砂糖を加えてマッシャーでつぶし、ひと口サイズにラップで丸めれば完成です。

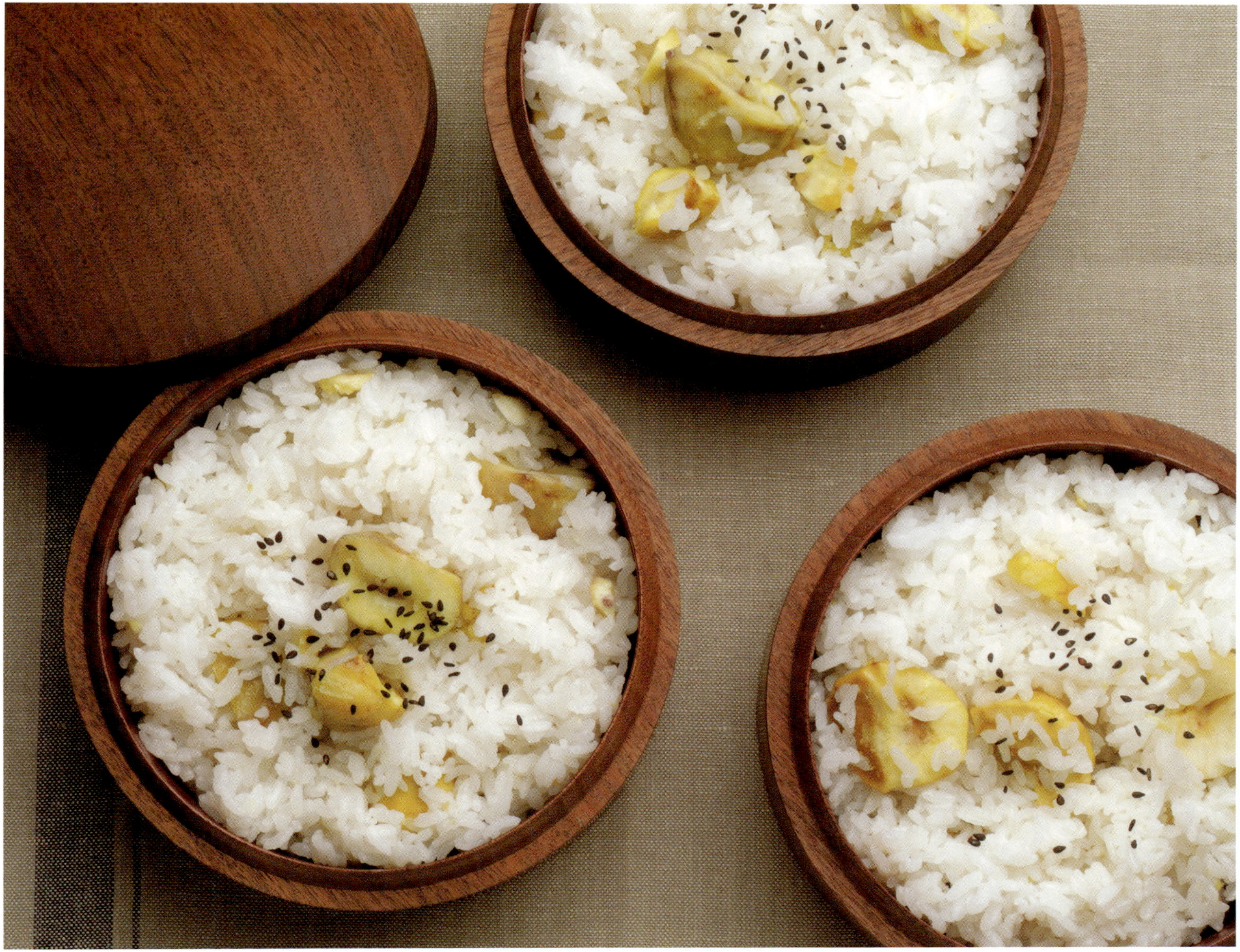

ポケットサンド

食パンのミミを切らない手軽なサンドイッチ。
中身がはみ出てこないので食べやすく、
屋外でのランチにもおすすめです。

◎材料（1人分）
食パン（厚切り）……… 1枚
アボカド……………… 1/4個
赤玉ねぎ……………… 適量
ベーコン（ハーフ）… 2枚
サニーレタス………… 1枚
コショウ……………… 適量

A ┬ マヨネーズ
　│　………… 大さじ1/2
　├ トマトケチャップ
　│　………… 大さじ1/2
　├ オリーブ油…… 小さじ1
　└ マスタード……… 適量

◎作り方
1　フライパンを熱し、ベーコンの両面を焼いてコショウをふる。
2　アボカドと玉ねぎは薄切りにする。サニーレタスは手でちぎる。
3　食パンはナナメに2等分に切り、それぞれ切り込みを入れて、トースターで焼き色をつける。
4　3のそれぞれの切り込みにAをぬり、1と2を詰める。

🏠…ミンチカツや焼きそば、カレーを詰めてもおいしいです。

Obentou Point
「食パンはミミ付きで」

ミミが付いているとポケットにしやすく、具をたくさん詰めても破れにくいです。ソースもこぼれてこないので食べやすいですよ。

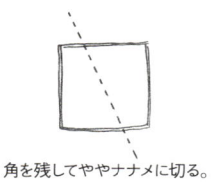

角を残してややナナメに切る。

サラダうどん

野菜もたっぷりいただけるヘルシーなお弁当です。
さっともどすだけの冷凍うどんは
ストックしておくと便利ですよ。

◎材料（1人分）
うどん（冷凍）……… 1玉
水菜………… 適量
スプラウト………… 適量
茹で卵………… 1/2個
プチトマト………… 1個
白ごま………… 適量
のり………… 適宜

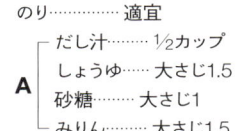

A
- だし汁……… 1/2カップ
- しょうゆ……… 大さじ1.5
- 砂糖……… 大さじ1
- みりん……… 大さじ1.5

◎作り方
1　うどんはさっと茹でてもどし、ザルにあげる。冷水にあて水をきる。
2　スプラウトは根を切り落とす。水菜は3〜4cmに切る。
3　容器に1のうどんを入れ、2、茹で卵、トマトをのせて、ごまをふる。
4　鍋にAを入れ、ひと煮立ちさせて冷まし、瓶などの容器に入れる。…＊
5　好みでのりを添える。…＊＊

＊…めんつゆは、液もれのしない容器に入れる。
＊＊…のりは湿気るので、別に携帯する。

🏠…特に食欲のない夏場におすすめです。おそばで作ってもおいしいですよ。

Obento Point
「夏場は保冷剤を添えて」
暑い季節は、保冷剤を添えるようにしてください。冷たくてつるんと喉越しがよく、おいしくいただけます。

おわりに

いつの間にかお弁当やおにぎりは妙に豪華で、そしてコンビニエンスなものになってしまいました。色鮮やかなお惣菜、輝くご飯、形が整った冷凍食品、そして消毒されて衛生的なパッケージ……。こんな時代に手作りのお弁当？ ちょっと面倒くさいなと思っている人は多いと思います。
その通り、はっきり言って面倒くさいです。さらに毎日となると。
スーパーマーケットやコンビニエンスストアに行けば、季節を問わず様々なお惣菜が揃い、趣向を凝らしたお弁当もたくさん並んでいます。当然作るより買った方が楽に決まっているのです。

されど「手作り弁当」。
私にはお弁当を日々作り続けて得た副産物がありました。それは、家で作ったお弁当はとてもエコロジカルだ、と気付かされたことです。
今、日本では毎日たくさんの食品が廃棄されています。食べられる物を捨てるなんて、悲しくてもったいない……。
手作りのお弁当は、当然食べる分だけを作ります。必要な量の材料で作り、時には残り物や余った材料がご馳走になり、とても経済的です。そしてなにより、お弁当箱に詰めて運ぶのでゴミも出ません。
本当にいいこと尽くめなのです。少し大げさかもしれませんが、世界に誇れる日本の文化ではないかしらとさえ思えてきます。

こんな素晴らしい食文化をすたれさせるのはもったいない、いや、もっともっと広がって欲しい……。たった一人が作る小さなお弁当。けれどそれは、とても大きな意味があるように思えるのです。

レリッシュがある京都の大山崎あたり、乙訓地域には、若くして農業を生業とされている方々もいらっしゃいます。私はこの町でお料理教室をしながら、食の基本である農業の世界をこれまであまり知らずにきたように思います。食の安心、安全を唱えながら、たとえば農薬を使う恐ろしさや無農薬で作る苦労を、どれだけ理解していたのだろう……。
そこには私の家庭菜園のレベルではなく、職業としての厳しい世界がありました。彼らは、少しでも安全でおいしい作物を、いかに私たちに提供していけるか、日々新たな方法を模索しています。
少しずつ彼らと接する機会が増えるにつれ、今さらながらこの大地の恵みを、彼らが手塩にかけて育てたものを無駄なく大切にいただかなくてはと、改めて感じています。
作り手が分かっているもの、それが安心でおいしく感じるのは、気持ちが見えるからなのかもしれません。
それはもしかすると、手作りのお弁当にも同じことが言えるかもしれない。そんな気がするのです。

ただ、こんな思いを語っている私も、毎日完璧な食生活を送っているのか、と問われると決してそうではありません。
お弁当だって忙しい朝はとりあえず息子の分だけ何とか詰めて、自分は適当に買って済ませるという日もあるのです。
けれど、無理のない範囲でお弁当作りは続けていこうと思っています。
続けていくこと、これが一番大切ですものね。

お弁当を作ってみようと思っている方へ。
自分や家族のため、好きな人や友人のため、健康や家計のため……、きっかけはどんなことでもいいでしょう。とにかく始めてみませんか。
お弁当人口が増えれば、きっと何かの、そして誰かのためになるはず。
私は明日もまた、この小さな箱の中に、そんなささやかな願いをぎゅっと詰め込んでいこうと思っています。

最後にこの本の制作に携わってくださったスタッフの方々、関係者の皆様に心から感謝いたします。本当にありがとうございました。
そして、この本を手に取ってくださった方とお弁当仲間になれますように。

森 かおる

おかず図鑑インデックス

材料インデックス

◎野菜

いも類
　小いも(里いも)　61
　さつまいも　37
　じゃがいも　12, 41, 42, 43, 44, 45, 46, 47, 48, 49
　長いも　21

きのこ類
　えのき　51
　しいたけ　11, 20
　しめじ　51, 58, 63
　まいたけ　14

豆類
　枝豆　46
　えんどう豆　44
　黒豆　86

その他野菜
　アスパラガス　64
　大葉　2, 9, 21, 56, 75
　オクラ　54
　貝割れ大根　41, 72

かぼちゃ　52
カリフラワー　57
絹さや　60
キャベツ　55, 79
きゅうり　43, 56, 73
九条ねぎ(青ねぎ)　4, 36, 49
ゴーヤ　40
コーン　43
ごぼう　15, 65
サニーレタス　17
ししとう　19, 62
春菊　33
セロリ　6, 70
たけのこ　16. 62
玉ねぎ　3, 6, 7, 18, 34, 39, 45, 77
なす　53, 67
にら　35
にんじん　6, 13, 39, 57, 58, 75
バジル　3, 71
パセリ　34, 42, 68
パプリカ　34
ピーマン　38
プチトマト　83

ブロッコリー　80
ほうれん草　66
水菜　59, 82
三つ葉　32, 37
ラディッシュ　81
レーズン　55
れんこん　23, 50
わけぎ　16

◎肉・魚・卵ほか

肉
　合びき肉　3, 4, 6
　ウインナー　76, 77, 78, 79
　牛肉　12, 13, 14, 15, 16
　鶏肉　1, 2, 22, 23, 24, 25, 26
　豚薄切り肉　17, 18, 19, 20, 21
　豚かたまり肉　5
　豚ひき肉　7, 11
　ベーコン　45, 71
　ロースハム　44, 70

魚介類
　エビ　7, 31

味つけインデックス

魚　8, 9, 10, 27, 28, 30
　たらこ　69
　ちくわ　72, 73, 74, 75
　ツナ　41, 80, 81, 82, 83
　煮干し　53, 84
　ホタテ　29
　明太子　32, 42

卵ほか
　油揚げ　59
　かつおぶし　33, 40, 49, 52
　こんにゃく　50
　昆布　57, 85
　ザーサイ　11
　卵（メインとして）　32, 33, 34, 35, 36
　チーズ　3, 20, 45, 46, 68, 74, 78
　白菜キムチ　35
　春雨　11
　ひじき　38, 48
　ひろうす（がんもどき）　60
　ペンネ　68, 69, 70, 71
　わかめ　54

ピリ辛味　24, 66
味噌味　13, 19, 28, 30, 73
甘辛味　5, 15, 23, 25, 27, 29, 50, 51, 52, 53, 84, 85
だし味　36, 58, 59, 60, 61, 62
ごま風味　25, 63, 64, 65, 66, 67
甘酢味　4, 54, 55, 56, 57
酢じょうゆ味　80, 82
バター風味　30, 34, 48
マヨネーズ味　17, 41, 42, 43, 44, 64, 69, 70, 81
ケチャップ味　24, 71, 79
カレー味　12, 22, 47, 77
チーズ味　3, 20, 45, 46, 68, 74, 78
ソース味　76
マスタード味　14, 18, 83
にんにく風味　5, 16, 31
デミグラスソース味　3
ゆずコショウ味　26
かつおぶししょうゆ味　33, 49
たらこ・明太子味　32, 42, 69
梅味　21, 72
大葉風味　2, 9, 21, 75
キムチ味　35
甘味　86

その他うす味仕上げ（揚げもの、蒸しものなど、好みで味つけするもの）
1, 6, 7, 8, 10, 11, 37, 38, 39, 40

森かおる

1963年京都生まれ。料理家、Relish（レリッシュ）主宰。幼少期から大の料理好きで、子ども服のデザイナー時代にはフランス家庭料理を学ぶ。出産、子育てを機に、毎日のごはんの大切さを改めて実感。若い母親を対象にした料理教室を自宅ではじめ、2003年にレリッシュをオープンする。現在は、日々の料理教室を中心に、子育て講習会などに料理講師として参加するほか、地元の生産者と食のイベントを企画・開催するなど幅広く活動。著書に『うれしい食卓』『たのしいエプロン』（ともにアノニマ・スタジオ）。

Relish（レリッシュ）

JR山崎駅前の「生活雑貨店＋暮らしの教室」。器や料理道具など食関連のアイテムをはじめ、生活まわりの品々を幅広く扱う。暮らしの教室では、料理のほか、ソーイングやクラフトなど、それぞれの講師による講座を各種開催。子どもから大人まで、誰もが笑顔で集える場所を目指し、子育て世代の女性3人で奮闘中。

〒618-0071 京都府乙訓郡
大山崎町大山崎西谷4-6-2F
TEL・FAX 075-953-1292
10:00～18:00
月曜定休（祝日・10日は営業）
http://www.relish-style.com

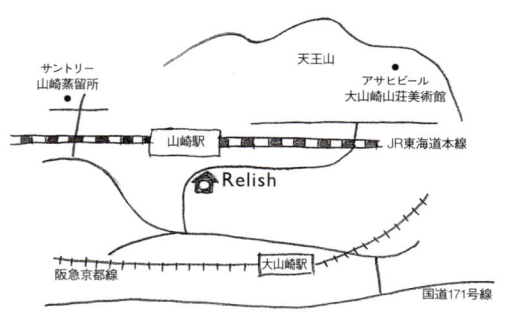

料理・文・イラスト	森かおる
写真	エレファント・タカ
デザイン	津村正二、中務慈子
取材・構成	山形恭子
編集担当	田中正紘（アノニマ・スタジオ）
試作校正	中山智恵
製版設計	金子雅一、石川容子（凸版印刷）
印刷進行	池田文紀（凸版印刷）
用紙	奥秋真一
撮影協力	MWC.WORKSHOP、垣谷繊維、松野屋

アノニマ・スタジオは、

風や光のささやきに耳をすまし、

暮らしの中の小さな発見を大切にひろい集め、

日々ささやかなよろこびを見つける人と一緒に

本をつくってゆくスタジオです。

遠くに住む友人から届いた手紙のように、

何度も手にとって読みかえしたくなる本、

その本があるだけで、

自分の部屋があたたかく輝いて思えるような本を。

日々のお弁当図鑑

2011年3月20日　初版第1刷発行
2018年2月20日　初版第5刷発行

著　者　森かおる
発行人　前田哲次
編集人　谷口博文
　　　　アノニマ・スタジオ
　　　　東京都台東区蔵前2-14-14
　　　　〒111-0051
　　　　電話 03-6699-1064
　　　　ファクス 03-6699-1070
　　　　http://www.anonima-studio.com

発　行　KTC中央出版
　　　　東京都台東区蔵前2-14-14
　　　　〒111-0051

印刷・製本　凸版印刷株式会社

内容に関するお問い合わせ、ご注文などはすべて上記アノニマ・スタジオまでおねがいします。
乱丁、落丁本はお取り替えいたします。
本書の内容を無断で複製・複写・放送・データ配信などすることは、かたくお断りいたします。
定価はカバー表示してあります。

ISBN978-4-87758-701-7 C2077
©2011 Kaoru Mori, Printed in Japan.